しあわせ右脳で

ネドじゅん式
意識変容

悟リズム

ネドじゅん 著

永岡書店

どうも
脳と意識を探求するオカン
ネドじゅんと申します！
私はある日、突然に
頭の中の「思考のひとりごと」
がぷっつり消えて、
出てこなくなりました
と申し上げると
思考できなくなって
困りませんか？
なんて
たずねられます
ちゃいますねん。
逆ですねん
「その時、その場では
考えなくていいこと」が
ぜーんぶ消えて
集中力、爆上げ
さらに
ターン

悩み事を頭の中で ぶり返すことがないので
明るい気持ちで いられます
今、ここ
100%!
いつでも
ハッピー♪
何よりも おもしろいのは
もくもく....
自分の内側には 私という意識以外に 愉快な 無意識たちがいて、
役割分担ができ、 協力しあって 生きられること!
例えばこの 「左脳さん」
ズイッ!
左脳さんです こんにちは
「左脳さん」は左脳の無意識。 対人コミュニケーションや 時間管理が得意

この子どものような無意識は「右脳さん」
「右脳さん」はほとんど言葉を使いません
「右脳さん」は右脳の意識。身体の神経と関係が深く直観の送り手
※ライバル関係
……
うわっ！
びっくりした。「本体さん」やないですか
「本体さん」大きな無意識。脳の大部分を司る
うう…
また失敗した…。仕事も私生活もボロボロだ…。もう僕はダメだ
兄ちゃ——ん
ダバダバダバ

ズサァ!!
ぐぬう
兄ちゃん
大丈夫か？
アンタがだ！
そのあんパン
おいしい？
え・・・・
兄ちゃん、その
あんパンを
食べながら
別の事を
ずーっと
考えてた
やろ
ええ、
まぁ、はい
兄ちゃんの頭な、
ヘリコプターになって
ココロを拉致して
飛んで行ってたで
エエ!?
こ こ こ
そうなったら考えること
しかできなくなって
答えの出ない問題を
ぐるぐる考え続けるねん
もう 何もかも
ダメだぁ
その間、あんたの
身体の細胞は
ずっと寂しく
待ってるんよ
ココロが
いてくれんと
あんパンも
人生も幸せも
味わう人が
おらんねんもん

兄ちゃんだけやない。見てみ。誰もが頭へリコプター状態や
今ここに意識がなくて人生のこの瞬間を味わって生きられない。これはたぶん**現代病**やねん
思考
思考
思考
思考
思考
僕は僕がダメだから悩み事だらけなんだと思っていました
それはそうかもしれんけど
もうダメだ…
冗談冗談
在り方はね**変えられるんよ**
えっ
でも僕、どんな努力しても変われないんです。もっとよく生きたいのに
まあなあ。性格とか考え方とか勤勉さとか変えるの難しいな
在り方はねそんなん関係ないねん
脳のバランスやねん
脳ステーッキ
ばーーん
脳のバランス!?
てかどこから出したそのステッキ!?

兄ちゃんの性格のまま、いいところも悪いところもそのまんま、デコボコでええんよ
左脳
右脳
この、超過剰になった「考える脳」左脳と、静かな「しあわせ脳」右脳のバランスを整えるだけ
「しあわせ脳」!? すごい。でも、どうやって？
しあわせ♡
左脳
右脳
単純でシンプルなやり方やで
過剰なほうをおさえて、もう片方をよく使う
おさえる
左脳
右脳
よく使う
…僕、やってみたいです。変わりたいです
よっしゃー！ええで！教えてあげよー！
オカン式意識の変容法、悟リズム、見ていこかー！
ぴょ〜ん!!
ズシャ〜!
ダメかも

この本の語句や言い回しについて

この本における表現の中には、ネドじゅん語とでも言うべき、一般的なニュアンスと多少、違っている語句や言い回しがあります。それらをまとめましたので、「ああ、こんな感じのことを伝えたいのか」などという温かい目で見てやってください。

＊「右脳さん」「左脳さん」というように「さん」づけしているところと、「右脳」「左脳」としているところがあります。「さん」づけしているところは、機能意識（P22など参照）のことを、そうでないところは、いわゆる右脳と左脳、それぞれの働きや役割などについて述べています。

＊右脳を優位にして生きることを、「右脳ベース」としています。

＊「悟リズム」とは、悟りとリズムをかけ合わせた造語です。修行を積んでようやく手にする悟りではなく、軽い感覚で自然や身体のリズムに合わせ、意識変容していく様をイメージした言葉です。

＊「神さま」という言葉が出てきますが、一般的な宗教で言う「神さま」ではありません。私の中で他にぴったりくる表現がないのですが、あえてお伝えしようとすると「宇宙意識」や「生命」でしょうか。とにかく大きくて、自分を含むすべてのエネルギーのことです。

＊マンガにも登場していた、大きな無意識の「本体さん」。さっきの「神さま」のエネルギーが、私たちの肉体を維持するために存在してくれているのが「本体さん」という感じです。これも表現がなんとも難しく、わかりにくかったらすみません。私たちの身体をどんな時でも維持してくれているのが、「本体さん」です。

＊「おなかに落とす」「おなかに聞く」などという表現における「おなか」とは、おへそより下、下腹部あたりのイメージです。

＊「空白」という言葉も出てきます。私たちはすぐ頭で考え、答えを出そうとしてしまいますが、それをしていない時に現れるのが「空白」です。

＊「直感」ではなく、「直観」を使っています。いずれも理由を考えることなく即座に感じることを言いますが、「直感」は感情が絡み、自らの判断や決めつけがどこかにある気がします。「直観」は、感情が絡まず、特定の理由や根拠なしに受け取る、身体感覚からのメッセージです。

もくじ

2章

4章

番外編

1章

脳の仕組みを知る

最初は、脳の仕組みについてです。
右脳と左脳が持っているそれぞれの役目、
私の考える右脳さん、左脳さんのこと、
ターゲットとなる自動思考がどんなものかも説明します。

左脳と右脳、それぞれの役割

改めまして。ネドじゅんです。マンガでもおわかりいただけたと思うのですが、この本は**悟りと意識変容を目指す本**です！　が、まずは脳の役割についての話から始めましょう。難しくないので、ちょっと聞いてくださいね。

私たちの頭蓋骨の中にある大脳は、ちょうど真ん中で左右半分ずつにわかれています。その左右の半球をそれぞれ左脳、右脳と呼んでいて、そのどちらかをベースに意識は稼働しています。つまり、左脳をベースに働く意識と、右脳をベースに働く意識があるのです（私自身の経験からそう捉えています。真ん中や両方ということはないようです。不思議）。

ただ、どちらも同じ大脳ですが、担当している役割が違っていて、一般的に言われているのはこんな感じです。

左脳は論理的な思考に長けていて、分析、言語、計算、理論などのように、何かを組み立てて処理するのが得意です。

右脳は、感覚的思考に長けていて、感覚や感性を司っており、直観、イメージや創造、空間認知、芸術性、記憶など、言葉では説明しにくいことを処理するのが得意で、雰囲気や全体性を捉えることができます。

なお、身体の動きや五感の働き、身体全体などについても、左脳と右脳はそれぞれの役割がありますが、この本ではそこには触れず脳と意識の関係にフォーカスします。

さて、私の思う**左脳は、「現代脳」**。

人間社会で生きることに特化した脳で、人工的なものや名前のついたもの、社会のルールや規範、時間管理、人同士のコミュニケーションが得意分野です。もともとは群れる生き物が群れの中でコミュニケーションすることで、発達してきた機能なのだ

と思います。

ただ、左脳をベースに意識が働くと、「今ここ」に意識を向けずに、過ぎてしまった過去やまだ来ない未来のことを考える特性があります。また、言葉で世界を捉え、言葉で思考します。左脳をベースに稼働する意識は「人間社会の中で考える私」といえるでしょう。

一方の**右脳は、「古代脳」**。

狩猟生活を送っていた頃に発達したものではないかと私は考えていて、こちらは、身体の感覚とともに「今ここ」を楽しむ脳です。

右脳をベースに意識が働くと、言葉による思考はあまり働かず、視覚、聴覚などの五感の情報に満たされます。これは古代の森の中、生き物たちの気配に対し、ピンと張り詰めた意識の状態です。

そして、この2つの脳には独特の意識（キャラクター）が存在します。

私はこれを「機能意識」と呼んでいます。機能意識とは、無意識の一つと言っても

思考
言葉
過去未来
今ここ
五感
身体感覚
左脳
右脳

いいでしょう。あなたの中に、あなたの左脳と右脳が存在し、「あなたという意識」に影響しているわけです。

そしてこの無意識たちはあなたとコミュニケーションができ、あなたを支えてくれるサポーターでもあります。

機能意識でいう左脳のキャラクターは慎重で計画的で準備が大好き。名前は「左脳さん」。ず〜っと何かを考えています。

右脳のキャラクターはあなたの子ども時代にそっくり。名前は「右脳さん」。直観のメッセージで導いてくれる不思議な存在です。

私は、「私の右脳さん」の導きで意識変容にたどり着きました。そして今、「私の左脳さん」がスケジュールを管理してくれています。

というように、この瞬間もありありと無意識のキャラクターたちを感じることができるのが、今の私です。

左脳過剰から、右脳ベースへ

右脳と左脳について、もう少しお話ししますね。

この本を手にしてくださった方の中には、ＹｏｕＴｕｂｅや講演会などでお話ししている私の変容体験に興味を持った方もいらっしゃるでしょう。左脳をベースに働いていた意識が、ある日突然、右脳のほうへ移動して定着したという体験です。

講演会などで、私はたいてい右脳の素晴らしさについて語っていますので、もしかしたら、「右脳っていいな、左脳はいらない！」と考えているかもしれません。

でも、本当はどちらがいい、悪いということではありません。**そのバランスが問題なだけなのです。**

右脳には右脳の役割が、左脳には左脳の役割があるから、存在しています。大自然

を生き抜いてきた野性的な脳（右脳）と、新たな人間社会を生き抜こうとする脳（左脳）、これらは人間のこれまでの歴史において必然的に備わった機能です。

問題なのは、現代社会において左脳の機能ばかりが使われ、右脳の機能が追いやられているという点です。

左脳には、原始時代の素朴な石器を、コンピューターやスマホにまで進化させてきた「道具力」があります。素晴らしい文明社会を築いてきたのも左脳です。

しかし大きな欠点があります。**身体の感覚を捉えず、頭だけで世界を把握しようとする点**です。

本来、人間の意識は、頭だけでなく全身の感覚を統合して働きます。左脳はそれを拒絶して、思考だけで生きるようにしてしまいました。

いわゆる「頭でっかち」です。

頭でっかちになってしまった現代人は、思考で生き、パワーを増していく思考の暴走に慣れてきてしまいました。社会が左脳的な在り方を受容しているので、それが当たり前、正しいとされてきたのです。

だって、思い返してみてください。子どもの頃から「よく考えなさい」とは教えられますが、「身体でよく感じてみなさい」とは言われませんでしたよね。

また、先ほどもお伝えしたように、意識は左脳か右脳、必ずどちらかをベースに働くのですが、今、ほとんどの人の意識の働きは、過剰になった左脳に乗っています。つまり**人類全体が左脳的な在り方へと進んでいる**のです。計算や理論で物事が決められ、いい悪いが判断され、意識は頭に閉じ込められて孤独になり、人とのつながりは希薄になっていく。

ここで失われていくものは、意識がどっしりと根ざして立つはずの、生命に満ちた大地である「身体感覚」です。

そして常に社会から、「もっとよい未来を目指せ」と強いられます。今をないこと

にして先へ先へと走り続け、私たちは一体、どこにたどり着くのでしょう。

一方、**右脳は身体の神経や五感と常につながっています。**

途切れていたそれらと意識が再接続されると、みなさん、「愛に満たされて涙が止まらない」と言います。

その愛は、身体感覚です。「ここにありのままいてよいと感じ、感じたことがないぐらい、安らぐ」と言う方もいました。

私も、「もう何も探さなくていいんだ」と感じました。

探していたのは、右脳からつながる、この身体感覚だったのです。

私たち意識が感じる孤独、苦しさ、寂しさ、自己否定感は、すべて身体感覚を失っているからです。それこそが左脳の欠点です。

過剰になってしまった左脳をしずめて、追いやられた右脳と意識がつながる時、現代脳でガチガチになった意識を古代脳の生命力がよみがえらせてくれます。
心も身体も、やわらかく変容するんです。

つらい…
苦しい…
答えが
見えない…
左脳の
分断
愛があった！
身体感覚

現代社会は「左脳過剰」が当たり前
〜身体と脳の分離感覚

今度は、一個人という視点から意識を見てみましょう。

現代社会は、個人で生きるストレスが大きくなり過ぎたと私は感じています。

昔だったら、それこそ「名なしのごんべさん」もいて、一年中、何もしていなくても「あの人は、ああいう人だから」ですんでいたのが、今は誰もが自分の顔を持たないといけなくなりました。「自分を表現しなさい」「自分のことは責任を持って」「自分で将来を決めなさい」など、小さい頃から個人の役割が与えられています。

ぐちゃぐちゃしながら集団の中で生きていられた時代ではなくなり、個人で社会に顔を出して生きていく、そんな毎日です。

これは、**外側から見た自分を強く意識する**ということです。ありのままの自分ではなく、顔を作って他者に見せるという、なかなかシンドイ在り方です。

そしてこれこそが、左脳の得意とする作用です。それがだんだんと、より若い方、子どもたちにまで強いられてきているのが、現代です。

左脳は身体の感覚の外側に出て、外から見た仮面をつくり上げます。そしていつの間にか、自分自身をイメージする時も、外から見るようになります。すると仮面ばかりが分厚く、内側が希薄で、身体感覚の薄れた「個人」ができ上がるのです。

外側から見た自分を他の人と比べて言い訳する――比べる対象は無限にいますから、自己は無価値感に陥ります。やがて自己イメージすらも記号化してしまい、「自分がいなくなっても社会は変わらないだろう」などと考えるのです。本当に残念なことに若い方で命を絶たれる方がいるのは、もしかするとこうした記号化に対抗できるほどの人生経験をまだ持っていないからなのかもしれません。

左脳が出す思考は根なし草です。いくらでも裏返ります。**左脳は思考すること自体**

が快感であり、結果はどうでもいいんです。

こうして、頭でっかちの身体感覚を失った個人が誕生します。

私の大好きな心理学者、カール・グスタフ・ユングの本の中に、ネイティブアメリカンの族長との話があります。かなり意訳なんですが、ちょっとお伝えさせていただきますね。

ユングがその族長と話をしたそうです。すると族長は「西洋人は気がふれている」と言いました。「西洋人は頭で物を考えている。おかしいじゃないか。俺たちはここで考えている」と心臓を指さして言ったそうです。

「頭で考えるというのは、おかしい」――深いですね。

と同時に、これは私たちの使っている日本語とも関係がある、と気づきませんか。

「腹を決める」「腹を割る」「腹を立てる」「腹におさめる」「腑に落ちる」「腑抜け」など、心や考え、感情などを表現するのに、日本語では「頭」を使わず、「腹」や

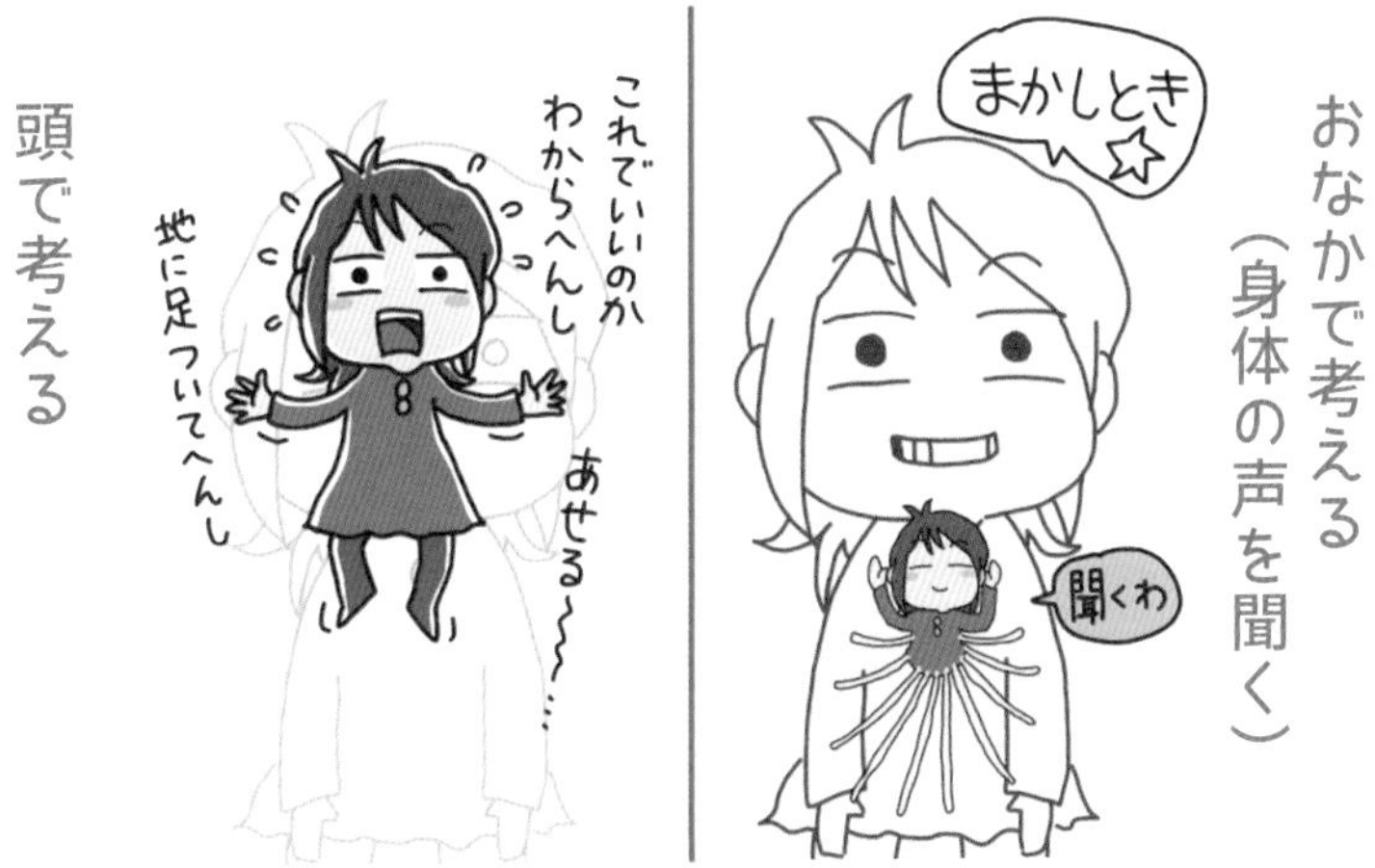
おなかで考える（身体の声を聞く）
まかしとき☆
聞くわ
頭で考える
これでいいのかわからへんし
地に足ついてへんし
あせる〜〜…

「腑」が使われています。

「肝心」もそうですよね。「肝」に心がある状態です。

つまり、**日本人は長い間、おなかで物を考えていた**んじゃないかと私は思っているんです。それが本来の在り方で、**身体感覚を使って思考するのが当たり前の民族**だったんじゃないか、と。

しかし、今や左脳時代。脳が今の社会に対応しようとしてアンバランスになり、左脳過剰になっている。このような経験は人類の歴史上、初めてのことではないでしょうか。

右脳のごちゃっとした集団の中に、のほほ

んといられた平和な時代ではなく、一人ひとりの肩に責任がのしかかり、自分の足で立たなくてはいけない時代。おなかで物を考えず、頭で考えるのが当たり前の時代。

と、そんなところに私が偶然、左脳を離れて「右脳をベースにした意識」になりました。「現代に生きる古代の脳」人間です。

大混乱？　いいえ、まったく。

意識は安定して静かで、ストレスなく「今ここ」にあります。身体と意識がしっかりと結びつき、文字通りおなかで思考しています。びっくりするでしょう？　本当におなかで物を考えられるんですよ。

左脳機能は意識の水面下、無意識の領域から私を見守り、スケジュール管理や物事のタイミングを指示してくれます。「私」という物語（ドラマ）は薄く透明になり、その分、一瞬ごとの体験と感動は深くなります。身体感覚がイキイキと今ここを彩り、細胞たちが生きている幸せを歌い、心を愛で包んでくれる。

ただただ、幸せなのです。

誰もがこんな状態になれば、人間社会も元気になり、この先も楽しく生きていけるのではないだろうか。もっとやわらかくてやさしい世界――そんなコミュニティが広がっていけば、現代社会の問題もなんとかなるんじゃないだろうか！

そう思い立ち、私は今、「みなさん、脳のバランスを変えて右脳ベースになりませんか～？」と一生懸命、本を書いたり、ＹｏｕＴｕｂｅでしゃべったり、あとは三脳バランス研究所（以下、三脳研）というサロンを立ち上げたりして、がんばっているわけであります。

究極のスイッチ、自動思考を止める

さて、この本の中にやたらと出てくる言葉があります。「**自動思考**」です。

考えても仕方がないのに、気がつくと同じ話で堂々めぐり。「考えたい」と思ってもいないのに、頭の中に次々と思考が出てくる。

そんな思考のことを、心理学では「自動思考」と呼んでいます。例えば、こんな感じです。

「昨日はA子に嫌味を言われて、一日中、嫌な気分だった。なんであの人は私に対していつも、ああなんだろう。ほんとに面倒。3日前の雨の日のこと、まだ根に持ってるのかも。今日もまた何か言ってきたらやだなぁ。あ、今日の次長との打ち合わせ、資料作るの忘れてた、やばっ。なんで私って……」などと、頭の中に思考がスルスルと出てきてつながり、一つのストーリーにすらなっている。

起こるか起こらないかもわからないことを、ずっと心配してみたり、人の気持ちを勝手に想像してイライラしてみたり、変えられない過去を後悔してみたり、どうでもいい連想を始めてみたり……。

「時間のムダ！」ってわかっているのにやめられず、メンタルを疲れさせてしまうのが、自動思考です。

実は、**意識が右脳ベースへと変容するには、この自動思考を止めるのが最強スイッチ！** なんです。

これまでの「悟り」は、多くの場合、導師の元で真理を学び、瞑想や厳しい修行をして内的世界の捉え方を変え、変容していく方法でした。

が、偶然ではありますが、私が発見したのは、**自動思考を止めるとスイッチが入り、変容に必要なことが自然に起こっていくというシンプルな方法**だったのです。

自動思考を生み出す、クラウン回路

自動思考について知るために、脳神経のことも少し、理解しておきましょう。これがわかると、なぜ、自動思考を止めるといいのか納得してもらえると思うんです。

私たちの脳には、神経細胞がつながり合ってできた神経回路が縦横無尽に走っています。その神経回路を電気刺激が流れて、身体にはさまざまな指令が出されているのです。

で、ここ、大事なポイントです。**よく使われる神経回路は、それだけ身体にとって重要と判断され、栄養が与えられる**んです。逆に使われない回路は栄養がもらえず、分解されてしまうこともあります。

つまり、同じ回路を使えば使うほど、たくさん栄養がもらえて強化され、どんどん太くなる。その人に必要な回路ほど残り、強化され、成長していくというわけです。

もう、おわかりかもしれませんが、私たちの自動思考の回路がこれです。**同じことを考えれば考えるほど、自動思考の回路に栄養が行き、どんどん太くなる、**だからまたその回路が成長し、一層、グルグル思考する。

なんてこった！　私たちの頭の中にそんな悪循環が生まれていたなんて！

私はその、ぶっとい脳神経回路を、**「クラウン（王冠）回路」**と名づけました。暴君のようにふるまい、自分だけにがっつりと栄養を集める王権のイメージです。このクラウン回路は自動思考を次々と生み出し、意識を巻き込んで思考させ、栄養を得ていたわけです。

そんなクラウン回路を弱めることが意識変容の最強スイッチなので、自動思考をとにかく止めたい。しかし、その前に大切なことがあります。それは**「気づき」**です。

自動思考に気づく――これが大きな分岐点

私たちはつい、クラウン回路からの強制アクセスに乗せられ、気づいた時には思考しています。そしてさらに続きを考えてしまう……。そこまでは仕方ありません。だって、これまでず～っと乗せられたまんまだったんだから。

けれどこの仕組みを知ったのですから、もうクラウン回路に栄養をあげるのはやめましょう！　**自動思考にとっとと気づくのです。**

「自動思考をしていること自体に気づく」ということを、これからは選択します。自動思考に気づいたら、すぐに「あ、今、考えてたな」です。

今までとは違う動き（自動思考に気づく）をして、分岐点と別のルートを作り出し、ぶっとい脳神経回路に栄養を行かせないようにするというのが、オカンの「右脳スイッチ」戦略です。

これ、本当に効くんですよ！

ということで、みなさん、いいですか？　これからは、いつものように**頭の中を自動思考が流れ出したら、いったんは乗せられても、必ず「気づく」というステップを採用する**こと。

「あ、また自動思考が来てたな。意識が『今ここ』からはずれて思考の内側へと巻き込まれてしまった」。このの気づきでクラウン回路への栄養補給が止まります。

「自動思考が出る→乗せられる→すぐ気づく」。

まずは、ここまでが1ステップです。

子どもに
「最近、ママ、あんまり
怒らなくなったね」
と言われるように
なった

気持ちの
切り替えが早くなり、
落ち込むことが
減った

何もなくても
幸せ感に
包まれている

直観がさえ、
シンクロニシティが
増えた

みなさん、右脳さんと
仲よくなり始めておられます〜。

COLUMN

AIの登場と意識変容

今、人工知能・AIが社会的な注目を集めています。人間が生み出したコンピューター上のシステムが、人間の能力を超えるかもしれないという「シンギュラリティ」なる現象。

これが起きるか否か、起きるならいつになるかが議論されています。

私が左脳ベースの苦しい日々を脱して、右脳ベースのほうへ切り替わったあの日は、確か2016年のことだったと記憶しています。2016年は、AIを実装したロボットや自動運転車に代表される、自律的に行動する「スマートマシン」が社会に登場すると予想された2021年に向け、大きく動き始めた年なのだそうです。そして私の最初の本、『左脳さん、右脳さん。』は2021年に電子書籍で刊行されました。

なんだか、**生命がAIの登場に合わせて人間を右脳に戻そうと、オカンを揺り動かしたような気さえします。**

私の本体さんはこう言います。

「ＡＩは外側の社会に誕生した〝スーパー左脳〟、君たちの脳内で進化した左脳の続きなんだよ」と。

「だから、ＡＩが誕生したなら、もう意識は無理をして左脳に居続ける必要はない。社会に誕生したスーパー左脳にまかせ、本来の定位置である右脳のほうに戻っておいで」

そして私の左脳さんは自慢げにこう言います。

「左脳は外側の世界に社会というものを作り出すために生まれたんです。社会が科学技術を生み出し、いずれＡＩというスーパー左脳を生み出すのはわかっていましたから」

ホンマか。

イマイチ信じられませんが、本当にそう言うんです。

私自身は、ＡＩは神さまの道具になるんだと思っています。

神さまは、これまで長い年月をかけて、ＤＮＡを使って生命を進化させてきました。

より複雑で豊かな生命圏を作り出すことを楽しんでこられたように感じます。生命たちの進化と、地球全体のバランスを取りながら。

そして私たち人類を生み出し、大きく発達した脳と、自在に動く両手で社会と科学技術を生み出しました。この科学技術はＤＮＡよりもっとダイレクトに世界に影響を与えます。その管理は、人類ではなく進化を見守ってきた神さまが行うはずです。

ここで、人類は「小さな自分」を手放し、神さまへつながるはずなのです。

社会に生み出されたスーパー左脳・ＡＩの電子的な鼓動を遠くで聞きながら、自然と身体のリズムが共鳴し合い、今この時代でこその意識変容が起こって、「悟リズム」が生まれます。

私たち意識はそんな悟リズムを奏でながら、自己の内側の大きな無意識へ、さらに広がる生命の声、集合無意識へとつながっていくことができるようになるだろうと私は感じています。

2章

自動思考を止める

多くの人が悩まされる自動思考ですが、
それを止めるためのオカンの必殺技、
「エレベーターの呼吸」のやり方を詳しくご紹介します。
身体感覚とつながることも意識しながら、やってみましょう。

どうなりたいか、明確に意図する

早速、実践に入っていきましょう。と、その前に、一つ、大切なことをお話しします。それは「**意図**」についてです。

この本を手にされているということは、あなたも右脳ベース（優位）になりたいと思っている、と考えてのことでしょうが（違っていたら、すみません！）、どうして「右脳ベースの意識」になりたいのでしょう。

頭の中のひとりごとがいつもしんどいから？　怒りがすぐに爆発しちゃうから？　もっと楽に生きたいから？　きっといろんな理由があると思うのですが、何のためにこれをするのか、意図を明確にしておいてほしいのです。

私は、自分の意図をときどき整えるようにしています。何かあるごとにちょっと立ち止まって向かう方向を確認しているのですが、基本的には**「多くの人の役に立つこと」「愛を広げること」「私に届けられる神さまの目的と、重なり合うこと」**を意図しています。

ちょっと気恥ずかしい言葉の羅列ですが、ここにすべてが凝縮されていると思っているんです。よかったらあなたも、自分以外にまでよい影響が広がることを意図してみてください。

「意図する」「望む」ということは、世界を創造する行為です。意図が方向を、望みが実現を創造します。それこそが意識のお役目だと思うのです。

そして、自分のことだけでなく、人のため、世界のため、すべてがよくなることを意図するからこそ、意識は拡大するとも思っています。

まずは、**自動思考を止めると明確に意図**しましょう。あなたがそれで幸せになれば、世界にもいい影響があります。

そして**身体感覚とつながる**ことも意図してください。というのも、自動思考を消しただけだと、消えたはいいものの、「何もワカラン！」ってことになるからです。

以前、三脳研の室長さんたちと、「瞑想とエレベーターの呼吸（P66以降、登場）って、似ているようでいて、なんか違う。なぜ、エレベーターの呼吸には即効性があったり、自動思考が消えるというような効果があるんだろう？」という話題になり、結局、「エレベーターの呼吸には、自動思考を止めるというはっきりとした意図や明確なやり方があるからではないか」という話に落ち着きました。瞑想には瞑想の意図がありますが、それは「自動思考を止める」ではないですよね。

そう思うと、やっぱり意図なんです。

なので、「何のためにこれをするのか」という意図を確認し、あとは、

1　自動思考を止める

2　身体感覚につながる

ことを目標にしましょう。

自動思考を止め、身体感覚とつながる

そんなわけで、自動思考を止めると同時に、**身体感覚ともつながりましょう**。身体感覚と深くつながるようになると、身体感覚の情報は、右脳を通じて直観で送られてくるからです。身体感覚は、私たちが思っているよりずっと多くのことを、私たちよりわかっています。

自動思考に取り組みながら、**直観からの内なるサポートが得られる**ようになれば鬼に金棒！　心強いこと、この上なしです。

直観は、**身体感覚を統合した右脳意識からのメッセージ**。私もそれを支えに生きてきました（直観を得るにもコツがありますので、あとでお伝えしますね）。

自動思考を止めること、そして**身体感覚につながる**こと。これからは、これらを二本柱として進めていきましょう。

「自動思考」を定義してみる

変容に向けた最初のステップが、ここまでお伝えしてきたように「自動思考に気づく」ことです。そこで、自動思考の定義から始めましょう。

自動思考1　「今、自分がいる環境と関係のない思考」「今ここではない思考」

私が考える自動思考の一つ目は、**「今、自分がいる環境と関係のない思考」「今ここではない思考」**です。

自分ではどうすることもできないのに考え続けてしまうこと、ありますよね。

自宅にいるのに職場のことを考える、友だちと一緒にいるのに違う人のことを考えるなど、「今ここ」にある身体の神経が感じていることと、まったく別のことを思考している時は、**頭と身体（神経）がバラバラ**になっています。

●自動思考2　意識的にキャンセルできない思考（エンドレス思考）

もう一つが、**「止めようとして止まっても、すぐにまた始まる、つまり意識的にキャンセルできない思考」**です。いつまでもエンドレスで続く思考ともいえます。

人から嫌なことを言われた時や受け入れがたい体験をした時など、何度もその時のことを考え、思い出し、「あの時、なぜ、あんなことを言われたんだろう」「どうしてあんなことをしたんだろう」などと憂うつな気持ちになりますね。

やめようと思っても、すぐまた同じ考えで頭がいっぱいになる、そんな状態です。

この2つが、自動思考か、そうでないかを見わける大きなポイントです。

最終的には、頭の中に出てきた思考のほとんどすべてを自動思考と考えるのですが、最初からそうすると、「うわぁ、あれもこれも!?　大変だ」となりそうなので、慣れないうちはこうした見わけ方を使ったり、「しんどい思考」「気分の悪い思考」を対象にするのもいいでしょう。

嫌な思考を止めるだけでも、相当に人生が明るくなりますよ！

また、自動思考を止めるには左脳を過剰にする元凶、「クラウン回路」（Ｐ34参照）がターゲットですが、この**クラウン回路を強化しやすい思考**もあります。

それが「**私にまつわる思考**」です。自己否定、自己卑下のような、「私って、どうしてこんなにダメなんだろう」「私は本当についてない」「私がやることはどうせうまくいきっこない」といった、「私」思考です。

そこから派生して、「あの人に○○と思われたらどうしよう」などというのも、そうです。

あとは「**大きく過去や未来に飛ぶ思考**」、つまり過去の後悔や未来の不安も自動思考です。今ここと関係ない昔のことなのに、「あの時、なんであんなことをしたんだろう」「あの人に3年前の夏、言われたことに傷ついた」と考えてみたり、「大地震が起こったら、どうしよう」「病気になったら家族が困る」と、来るともわからない未来の不安を抱いたり。

バリエーションとして、**「社会（誰か）に対する思考」**も挙げられます。例えば、「近頃の若者はなってない」というような。「これも政治が悪いせい」などと決めつけて嘆くのも憤るのも、自動思考です。

自動思考は同じ神経回路をグルグル回ります。嘆き、怒り、憤り、あきらめの思考などを何度も思い返して、感情をぶり返させるようなものはクラウン回路が大喜び。

「人間には一日に6万回の思考がある」なんて言いますが、とりあえずはそのすべてに取り組む必要はなく、こうした典型的な自動思考を対象にすればいいです。

そして、**嫌な思考が出る時、実は特有のしんどさ**を感じているはずです。イライラしたり、逃げ出したくなったり……。**気づいていないかもしれませんが、それ自体がサイン**なのです。

もしも身体のサインに気づいたら、その思考をすぐ止めてみましょう。

自然なタイミングでの思考もある

自動思考に関して、「仕事中の思考は止めなくていいですか?」というご質問も多くいただきます。仕事に限らず、乗り物の運転中や機械などの操作中も、思考をどうこうしようと思わなくて大丈夫。**安全第一。大切な作業に集中**してください。

また、「計画やその準備は自動思考ですか?」というのも、よくある質問です。旅行の予定があれば準備をしますね。「沖縄へ行くから、日焼け防止のために長袖を持っていくといいかな」というのは、自動思考ではありません。今ここが、旅行への準備期間だからです。**「準備」は「今ここ」の、すでに現実にある事柄だし、自分の行動にも結びつく思考なので、自動思考ではない**のです。

基本的に、近日中にその予定があるなど、今、思考しておかしくないもの、例えば

準備の思考や予行の思考、検討の思考は、「自然なタイミングでの思考」なので、自動思考ではありません。

でも、「ハブにかまれたらどうしよう」と未来を不安がったり、さらに言うと、「私だけ沖縄なんて、友だちにねたまれそう」「仕事をサボったと思われるかも」など、**人の心を勝手に推察し、いい悪いを判断する思考は明らかに自動思考**です。

人の心なんてどうにもできないのに、「こう思われたらどうしよう」「あんな風に感じてるかも」というのは、永遠に答えの出ない問い。いくらでも悪く考えられるので、気をつけましょう。

一方、「素敵な人から声をかけられて、南国デートになったりして。うふふ」というのも、途中でキャンセルがかけられればOK。でも延々と続くようなら自動思考です。この場合、**自分で止められるかどうか**がポイント。ポジティブな思考だからいい、というものではありませんので、あしからず。

これで自動思考とはどういうものか、なんとなくイメージできたでしょうか？

本当は、最終的にはすべての思考を止めたいところですが、まずは、これらの**自動思考が頭の中に流れ出したら、気づく**。「あ、今、頭の中に自動思考が流れたぞ。気づいたぞ！」——これが、最初のステップです。たったこれだけですが、非常に重要なステップなのです。

「いつもならズルズルと思考に乗せられていたけれど、一瞬、『気づき』という間をあけることができた」

ほんのわずかですが、**自動思考と意識の間に、距離が取れた**のです。

これで**脳の神経回路に分岐を作ることができる**ようになります。電車のレールが動いて隣のレールへつながる分岐点のように、新たな方向への可能性がつくられるのです。ゲームのような感覚で、一日に何度でも自動思考に気づいてくださいね。

たくさんの自動思考が流れることにガッカリしないで。それは人類の脳の進化過程であり、現代文明の影響です。そして**あなたはそれを変えることができます**。意識変容の道のりを、じっくり進めていけばいいだけなのです。

まずは自動思考が出たら、「気づく」。しつこいようですが、これが第一番目のステップです（自動思考の止め方に関するQ&AはP196〜）。

自動思考の見わけ方

1 「今ここ」の自分がいる状況と関係のない思考

2 止めようとしても止まらない、止まってもまた始まるエンドレス思考

クラウン回路をより強化しやすい思考

1 「私」にまつわる思考

「私って、なんてダメなのかな」「私ばかり怒られる」など、「私物語」のドラマ周辺をグルグル回る思考。

2 大きく過去や未来に飛ぶ思考

「今ここ」とまったく関係ない過去の出来事や、予測できない未来についての思考。

NG実例 「学生時代にこんな失敗をして恥をかいた」「老後の暮らしが心配だ。生活費がたりなくなったら困る」

OK実例 「明日、忘れ物したら怖い」
→「今、かばんに入れておこう」
*「今ここ」の行動が伴うので、自動思考ではない。

3 社会や誰かに対する思考

「戦争が起こるなんて、ひどい世の中だ」「席を譲らないのはダメだ」など。

「私の頭ではわかりません！」と宣言し、おなかに投げ込む

講演や動画で必ず爆笑をいただく思考封じ込めの秘技、「おなかに投げ込む」。

まぁ、自分でやっていても変だなぁと思うので、致し方ありません。ところがこれが越えられない壁を越えさせてしまう、オカンの奥義です。マスターすれば、あなたをいずれ「神さま」の領域まで導いてくれることでしょう。

「自動思考に気づこう」「自動思考を止めよう」とやり始めると、おそらく、たくさんの疑問が出てきます。

「どうして止まらないんだろう」「これって自動思考なのかな。いや、別に止めなくてもいい思考なのかも」「これで合ってるのかな」「本にはこう書いてあったはずだけど」などなど。

でも、これはほとんどのみなさんが通る道。まったく問題ありません。

そしてこうした疑問が出てきたら、逆にチャンス！ **何でもいいので、とにかく全部、おなかに投げ込んでしまう**んです。大切なのは、**「頭（思考）で答えを出さない」**こと。

そのための宣言が「おなかに投げ込みます！」です。

やり方としては、そのままなんですが、頭にあるその疑問の思考を両手でガッシッとつかんで（つかんだふりをして）、そのままおなかに投げ込む（↑ここで視聴者さまの爆笑をいただきます）！

私たちはわからないことや疑問が出てくると、考えたり、人に聞いたり、インターネットで検索したりしちゃいますね。答えが出ない間中、ずっと問題を追い続けてしまいます。

もうおわかりかと思うんですが、これ、めっちゃクラウン回路が喜ぶやつです。

ですから、あれこれ考えたりしないで、とにかく疑問の思考を**手でつかんで即座におなかに投げ込む**ことです。

最初は恥ずかしく感じたり、「これ、なんじゃ？」と思っちゃったりしますが、とにかく、やる！

特に、自動思考が止まる最終段階に近づいてくると、これがめっちゃ大事になってきます。「私の頭ではわかりません。だからおなかに投げ込みます」と宣言するからこそ、**思考は止まり、おなかからの答えを待つ姿勢が完成**します。

この「待つ」姿勢が重要なんですが、それはやっていくとわかります。

というわけで、自動思考と取り組む際に上がってくるさまざまな疑問は、「これをネドじゅんさんに聞いてみよう！」とか「本になんて書いてあったっけ？」などではなく、**「私にはわかりませんから、おなかに投げ込みます！」と宣言し、おなかに投げ込んで**ください。

その後は、おなかに投げ込んだことを気にする必要はありません。忘れてしまって大丈夫です。

これを疑問に対する定番姿勢にしましょう。翌日かもしれないし、何十日後かもしれませんが、たいていはしっかり睡眠を取った朝、ふわりと答えが現れます。想像していた答えとは違うかもしれませんが、真剣に知りたいことなら、答えは現れます。

「私」という意識はたくさんあります。詳しくはP168からの「チーム私」でお話ししますが、そこでのエピソードの一つの現れが、この、**おなかからの答え**です。このおなかからの答えを体験すると、「本当に自分の中には無意識たちがいて、そして助けてくれるんだな」と理解できます。「ならば、**何もかもを一人で背負い込まなくていいんだな**」と、手放しが始まります。

その手放しが、今度は思考の「スキマ」になります。ちょっと間があくような感じというといいでしょうか。マシンガンのように矢継ぎ早に出ていた思考に、ふっと空

白のスキマが現れるのです。**「あ、今、何も考えていなかったかも」というその感覚**を、注意して見るようにしましょう。

そして、その空白にくつろいでいられるようになると、「自動思考をしていたのは、実は私じゃなかったんだ」という不思議な感覚が出てきたり、自動思考の声に力がなくなっていくのを感じるようになります。

そうです！　**クラウン回路のパワーがなくなってきた**んです。

次第に「答えはおなかからやってくる」ということに慣れてきて、気づけば、「わからないままの満ちたりた感じ」にたどり着くといった具合です。

それこそが右脳ベースの意識の在りようです。

ふふふ。なんだかワクワクしてきませんか。

いずれ多くの方に「そうだ、そうだ」と同意していただけるはずと信じているのですが、本当の本当におなか（身体全体）が脳になるんです。

あ〜、ひかないで（笑）。

いや、でも今の私にはそういう感覚しかないんです。**本体さんや神さまがおなかで思考してくれて、結果を直観で渡してくれるようになる**——これが本来の人間の思考方法なんじゃないかと真剣に思っています。

そして**そこにつながっていく最良の練習方法が、「頭で考えません。私にはわかりません。おなかに投げ込みます」**です。

めちゃめちゃ重要なポイントなんですよ。

気づいたら、「OK!」サイン&口角を上げて

「自動思考に気づいたらサイン」にもトライしましょう。脳に、**「自動思考に気づいたね！　今の感じ、とってもいいよ。忘れないでね」というアクション**を行います。

ガッツポーズやピースサイン、親指を立てたり、ほめ言葉をかけたり、おいしい飲み物を飲んでもいい。「できた」「やった」「いいぞ！」という意識的な刺激です。

神経細胞は、刺激が通った後、喜びや笑顔が発生したかどうかを検証するんだそうです。なので、**いいリアクションをすると、神経細胞が気づき、神経回路を育ててくれる**というわけです。

「お、今のこの反応は歓迎されてる！」と、神経細胞に気づかせましょう。

そしてポーズをしたら、口角を上げてにっこりと。口角を意識的に上げて笑顔にすると、ますます脳が「これ、いいことなんだ！」とはっきり把握してくれますよ。

超手強い！　左脳さんの逆襲

自動思考を止めようと取り組み始めてから、いつか必ずやってくるのが、「左脳さんの逆襲」です。「右脳の意識に近づいてきた」と喜び始める頃か、取り組み始めたとたんに経験する方もいるのでタイミングはそれぞれですが、本当に苦しいです。

自動思考が出てきて止まりません。自分が一番苦手とするシチュエーションのできごとが現実に起こるのです。ネガティブ発言や自分責めも出てきます。もうエンドレス。「いやぁ、久しぶりだな、この感覚」なんて思う余裕もありません。

いかにクラウン回路があなたの弱点をつかんでいるか、いかにあなたという意識をうまく操っているかが、よく見えてきます。どうぞご自分にやさしくしてください。

この「逆襲」という現象は、**クラウン回路に栄養が回らなくなって回路が細り始め**

る時、起死回生を狙って起こすものだと私は考えています。

逆襲してくる自動思考は手強いです。その思考がどんな風に出てくるか、どういう方向に持っていこうとしているか、その時々にできるだけ気づくというのが、わずかな対抗策。残念ながら、エレベーターの呼吸（P66〜）でもなかなか消せません。

でも、VS.クラウン回路へのワークは効いてるってことでもあります！　効いているから逆襲してくるんです。すごくうまくいっている証拠なんです。

ただ、逆襲の時期は思考に勝てません。逆襲だってことをしっかり認識し、よく睡眠を取り、思考をごまかす遊びをしたり（ゲームなどでもＯＫ）、気晴らしをしたり、身体を動かしたりして、通り過ぎるのをひたすら待ちましょう。

中でも**効果があるのは、スロージョギング**です。

これは、大勢の方が「逆襲」を乗り越えたという実績があります。身体に無理のない程度でいいので、走るのはどうでしょうか。スロージョギングは歩くのと同じくらいのスピードで、苦しくない程度の距離を走ります。だから全然、つらくない。

なのに**驚くほど思考が収まり、楽になります**よ。木々のざわめきや、ほおをなでる風など自然のリズムと、身体の生命リズムが共鳴し合い、悟リズムを感じやすくなるというのもあるのではないかと思っています。

走っている時、
ふと気づくと
自動思考が
消えていて驚いた!!

ジョギング中に見た、
葉っぱのこもれびに
心がふるえた

ジョギングの後、
しばらく、本当に
思考が出てこない

考えろ〜
栄養よこせ
えっほ
えっほ
走るって、
ほんまに
変わるんやで〜!

逆襲が来たら、左脳に愛を降らせまくれ

これも、クラウン回路が大暴れして自動思考があふれ出てくる「左脳さんの逆襲」時に、シンプルですが、なかなか効く方法です。

大暴れ中の左脳に、こう言います。

「あなたは、身体の中で一番、高い場所をもらっていて特別なのだから、今から身体の細胞全部に愛を降らせなさい」

そして、**「愛しています」「愛しています」という言葉を、全身に降り積もるまで、繰り返させる**んです。クラウン回路が暴れている限り、何時間でも！

「言葉を司る脳、左脳にとって、これは最大級のお仕事なんだよ」

「あなたにしかできない、素晴らしい奉仕なんだよ」

と言い聞かせながら。

言葉の思考である自動思考に対し、言葉の思考で対抗できる、パワフルな方法です。

少なくとも、これでネガティブな苦しい思考は止められます。

ただし、あなた自身も左脳とともに、がっつりとこの言葉につき合っていなければならないところだけが難点かも。

ずっと、真剣に「愛しています」「愛しています」と繰り返しているので、他の作業ができないのです（苦笑）。

愛してます
愛してます
愛してます
愛してます
…もう やめていいですか？
アカン 続けて

自動思考を止める最強メソッド、「エレベーターの呼吸」

「今、何か考えてたよね？」と自動思考に気づくことが、最初のステップでした。それですぐ自動思考を止めることができればいいのですが、そう簡単にはいきません。なにしろ刺激を出さず、栄養が途絶えれば回路が細く弱くなってしまうので、クラウン回路も死にものぐるいで稼働します。それを止めたい私たち意識と、回路との間でちょっとしたバトルが始まるのです。

ここでパワーを発揮するのが、**エレベーターの呼吸**です。なんだか変な名前ですが、やってみると、「だからこの名前なのね」とわかってもらえると思います。

この呼吸は、思考の回路に刺激が流れるのを一時的にストップさせることができます。そして何度も繰り返せば、思考の回路からスイッチが切り替わるようになります。

まぁ、簡単に言っちゃうと、**思考から意識をそらすための呼吸**です。

実はこの呼吸法、オカンの右脳意識である「右脳さん」が教えてくれたオリジナルのワークです。私はこの呼吸法で、「身体とつながろう」「頭の中をからっぽにしよう」と取り組みました。

そして実際に自動思考が消え、意識が変容したのです。

いろいろなところでご紹介を始めてからも、多くの方がこの呼吸法で意識変容されています！　効果はお墨つきですので、ぜひ取り組んでみてください。

今では、
無意識のうちに
やってます(笑)

最初は
「こんなんで止まるのかな」
と半信半疑だったのですが
(ネドじゅんさん、ごめんなさい)、
あなどるなかれ、
すごかった！

メインワーク1 エレベーターの呼吸・基本

では、早速、エレベーターの呼吸のやり方を説明しましょう。

① 深呼吸する

始める前に深呼吸します。無理せず、自然にゆっくりと深く呼吸してみましょう。深刻そうではなく、穏やかで落ち着いた笑顔で。強く呼吸する必要はありません。

② エレベーターの床をイメージする

身体の内側に円形の床をイメージします。丸いお盆を床にしたような具合です。材質は何でもよく、厚みも薄さも質感も、自由にイメージして。

③ 床を上下させる

呼吸に合わせて床を上下させます。動かすのは、のどのあたりからおなかの底まで。骨盤のあたりで底を打つ感覚です。おなかの下部まで来たら底を打って止まり、今度は上に向かっていきます。

床を上下させる時は、床の周囲でおなかの内壁をこするつもりで行いましょう。

また、床は、おなかの内側のサイズに合わせて広がったり縮んだりする感じです。のどのあたりはペットボトルのキャップくらいで、首の内側↓胸↓みぞおち↓おなかの底へ向かうにつれ、自由自在にすーっと広がっていくイメージです。

なお、吸いながら床を上げても、吸いながら下げてもかまいません（どちらでもいいです）。

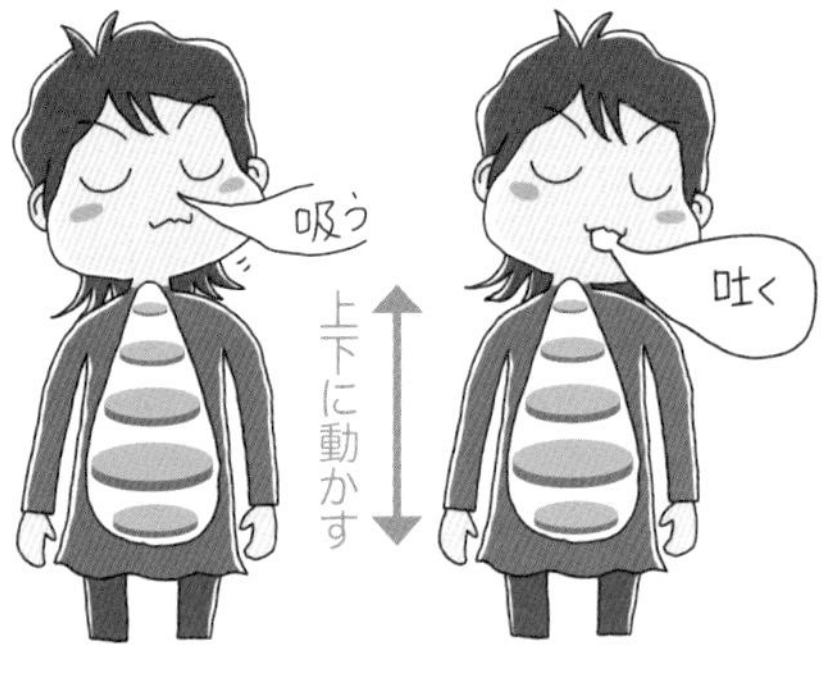

この上下のイメージを繰り返し行うのが、エレベーターの呼吸です。

「エレベーターの呼吸」のコツとポイント

もう少し、エレベーターの呼吸について説明しますね。

まずは深呼吸をして、**自分の身体の内側、つまりおなかの中へ意識を向けます。**と言っても「身体の中に意識を向けるって、何?」と思う方もいるでしょう。

「トイレに行かないとヤバい!」「おなかがいっぱいで動けない」時は、胃腸や膀胱の張り具合を感じていますよね。おなかが痛い時もそう。

それらが身体の内側の感じです。別に特別なことではなく、みなさん、知ってるんです。「内臓のあるあたり、おなかの中が今、どんな感じかな〜」と感じてみるだけです。

そして、**おなかあたりに円形の床をイメージし、身体の内側で上下に動かします。**エレベーターの床が上下するみたいに(だから「エレベーターの呼吸」と命名)。実際に、そこに詰まっている胃や腸など内臓はないものとして、おなかの中の空間を床がすり抜けて動くイメージです。

これを繰り返すだけなのですが、コツは**円形の床の周囲をできるだけリアルに、おなかの内側の壁にこすりつけるように動かす**こと。これには、集中度を高めるのと同時に、**自律神経をイメージして刺激できる**というよさがあります。

おなかの内側には自律神経が通っています。この太い特別な神経は、脳から延びて脊髄を通り、内臓に巻きついているのですが、エレベーターの呼吸はイメージの力で自律神経にダイレクトに働きかけ、右脳に刺激を与えて活性化させることができます(ちなみに**自律神経は右脳さんとのコンタクトの窓口**なんだそう。オカンの右脳さんが何度もそう言っているので、信じています)。

だから、静かに、スムーズに床を上下させるのではなく、**内壁をこするようにズリズリと動かして**。ここが最大のポイントです！

さらに、なんとなくではなく、**集中して行いましょう。**集中して動かしていると、**あなたの意識はおなかに注ぎ込まれています。**それ自体が大切なのです。

そもそも、上下の動きがあるため、集中が続きやすくなってはいます。「じーっとおなかの中を意識して」と言っても、動きがないと集中は途切れてしまいますからね。

なお、エレベーターの呼吸は、「自動思考に気づく」こととセットで、両方、進めてください。**自動思考に気づいたら、すぐエレベーターの呼吸**をする！　自動思考があなたを続きの思考に乗せていこうとしても、エレベーターの床に集中している意識を操るのは不可能です（やってみるとわかります）。

つまり、エレベーターの呼吸を5分間集中して行えたら、5分間は自動思考に間があくということです。これはクラウン回路にとって大ダメージ。「意識である私たち」には自動思考に対抗する最強のツールとなるわけです。

それに、エレベーターの呼吸って、場所や時間をあまり気にしないでできるのもいいところ（自画自賛！）。立っていても、座っていても、寝転んでいても、どこでもできるので、ワークの時間を取りやすいんです。

マイペースで長く続けることを楽しむ方、集中して短期決戦で挑む方もいるでしょう。いずれにしても、私たちが弱めたいクラウン回路は物理的に存在する神経回路なので、効果を実感したいなら2～3カ月は続けていかなくてはなりません。

なので、「最初は一日5分でもいいから、やってみて」と言いたいところなんですが、やはり効果が出ると楽しいので、**できるだけ長く、多く、やり続ける**ことをおすすめします。

なお、実際にやってみると、さまざまな疑問が出てくると思います。それにお答えすべく、エレベーターの呼吸に関するQ＆AをP205～にまとめましたので参考にしてくださいね。

COLUMN

「胸の座」を意識してみる

私が右脳ベースの意識へ切り替わったあの日、最初に驚いたのが、「なんや、これ」という思考の声が、頭でなく胸の真ん中から聞こえたことです。それは毛布をかけたようにくぐもって、低い声に聞こえました。頭の中に聞こえていた思考の声とは、全然違ったんです。

あんまり驚いたので、それ以来、胸のところでつぶやくことはしなくなりました。

それでも、**私という意識は、胸の真ん中にあります。**頭から胸へ、一気に移動したようでした。

そして私は**この位置を「胸の座」と名づけました。**エレベーターの呼吸と同じように、**胸の座を意識することは、意識を頭から身体へ、降ろす効果がある**ようです。

おなかの中を意識するエレベーターの呼吸とは違い、胸の座は胸の表面に近いところ、骨や皮膚のあたりを意識します。

手で、心臓がある位置の胸の真ん中あたりに触れてみてください。皮膚と骨が感じられませんか？　多少、ドクドクとした心臓の鼓動や、周囲の血管の脈動もわかるかもしれません。

それを、ただ感じます。それ以上でも以下でもありません。**そこにある身体組織をそのまま感じる**んです。それが胸の座にいるということです。

もう一つ、多くのみなさんに人気があるのが、**「胸の座に矢印をイメージする」**ことです。

身体の内側から外側に向かって、矢印があるとイメージします。矢印の先は、身体から前方へ向いています。

この矢印を、意識してぐっと斜め上へ向けるんです。すると、なぜか**気分も上がり、「すべてがよりよくなっていく」という意図がはっきりします。**

最近では、**この矢印に「今日、体感したいこと」を書き込む**というムーブメントも出てきました。

例えば、「安らぎを体感したい」と思うなら「安らぎ」と書き込む。「活力ある元気な自分」であれば、そう書きます（書き込んでいるところをイメージして）。

するとすぐ、日常的な出来事の中にそれを感じられるというわけです。何かが起きるというより、ただ、セッティングしたそれが感じられる。右脳さんが意図を理解してくれているんでしょうか（これはまだまだ研究途中であります）。

胸の座と矢印は、直接的に効果を感じやすいので、大人気です。**「今日も胸の座の矢印を上げていこ～！」**という呼びかけが私の周囲で飛び交っています。

あなたもぜひ、やってみてください。

自動思考が消えたあかつきには、その**胸の座があなたという意識の居場所**になりますので、なじんでおいて損はなし、です！

3章

「今ここ」と身体感覚

「今ここ」に居続けることで、次第に右脳ベースに。
右脳さんと仲よくなれたら、もっともっと生きやすくなるでしょう。
「エレベーターの呼吸」に「今ここ」の呼吸も加え、
どんどん右脳意識に近づいていってください。

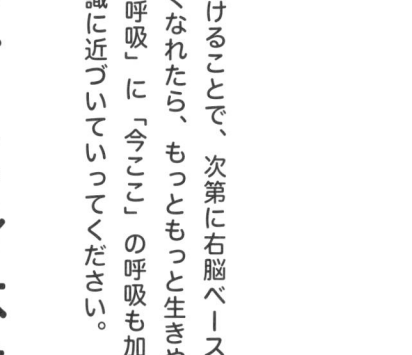

「今ここ」にある最大の柱、身体感覚

ということで、みなさん、どうでしょう。初めてのことばかりだろうし、ここまで大丈夫ですか？

「全然、完ぺきにできてません！」

「まだ、自動思考がグルグルしてます！」

「エレベーターの呼吸の板がイメージできません！」

ですよね、いいんです。当たり前です。これまでとまったく違うことにチャレンジしているんですから。いわば、私たちは今、脳における人類史に逆らっているんです。なかなかの冒険ではありませんか。

それはちょっと置いておいて、ここで、第2章の初めで触れた、もう一つの大きな柱が登場します。それが身体感覚です。

左脳が過剰であることの一番の問題点は、左脳が意識と身体感覚を引き離してしまうことです。

一方、**右脳ベースなら、意識と身体感覚はつながっています。**

ちょっと難しいかもしれませんが、大事な話なので聞いてくださいね。

意識とは、なんでしょう。それは**「私」という一つの統合された感覚**です。

身体感覚とは、なんでしょう。**それは身体の神経組織が捉えている、身体を取りま**

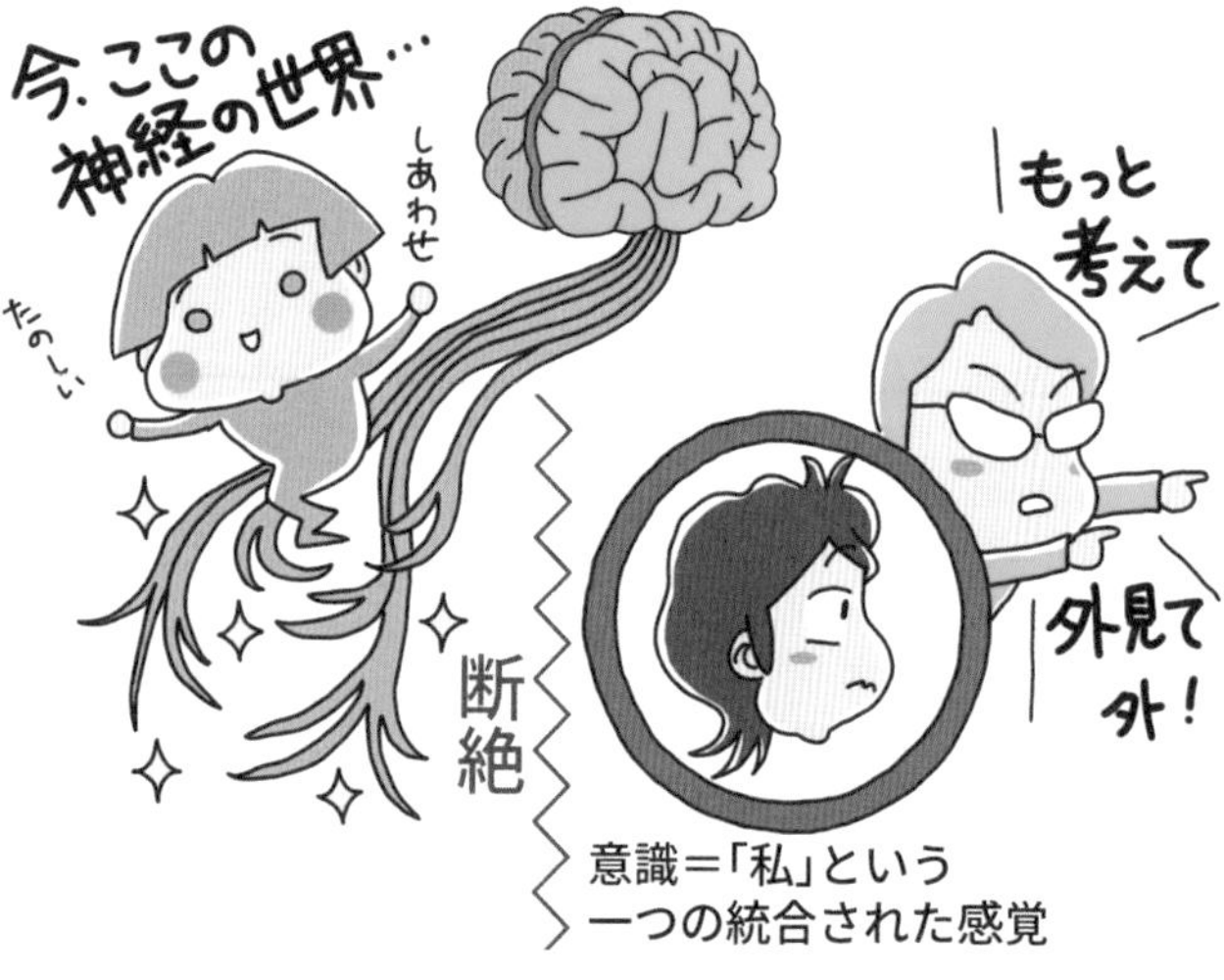
今、ここの神経の世界…
しあわせ
たのしい
もっと考えて
外見て外！
断絶
意識＝「私」という
一つの統合された感覚

く**「今ここ」の世界**です。

つまり、目が見ている視覚、耳が聞いている聴覚、鼻で感じている嗅覚、肌が感じている触覚や皮膚感覚、口の中で感じる味覚の五感。それに加えて、全身に張り巡らされた神経の感じている「今ここ」こそが身体感覚です。

「そんなの、ほっといても勝手に感じているでしょう」と思う方もいるかもしれませんね。

そうです。身体は勝手に感じています。でもその内なる世界から、意識がハミ出てしまっているのが左脳過剰の状態です。

そこが問題なのです。

右脳は身体の神経の親分みたいな存在です。**右脳をベースに生きるためには、この神経の世界の内側に意識が入らなくてはなりません。**

ここからさらに説明していきましょう。

右脳さんは、おなかの中にいる

左脳さんは、「今ここ」が嫌いです。それよりも将来のことを考えていたいし、過去の記憶データを参照しては作戦を練っていたい。いつだって走っている姿勢で「あぁ、忙しい、忙しい」と言っている営業職のサラリーマンみたいなキャラクターです。

一方の右脳さんは、同じ身体の同じ頭蓋骨の中にいながら、まったく違うキャラクターとして存在します。地面にペタンと座り込み、目をキラキラさせて周囲を見回している子どもの意識です。

右脳さんには「今ここ」しかありません。言葉もほとんど発しません。なんの役にも立たなそうな存在ですが、これがどっこい、ある時、豹変します。

右脳さんは、より高く大きな意識体である「本体さん」（P9参照）**のメッセン**

ジャーになるんです。

すごいでしょ。

ですから、あなたがまだ自動思考に取り組み始めたばかりでも、右脳さんとコンタクトできれば、百人力です。実際、

「アドバイスをくれる存在を感じるようになりました」

「『それでいいよ、そのまま進んで』と言われている気がする」

「不思議な偶然が重なって、毎日が奇跡のようです」

など、右脳さんとつながった方々の感想は驚きに満ちています。

そんな**右脳さんの居場所は、実はおなかの中**です（だから第2章で「おなかに投げ込む」をお伝えしたわけです）。右脳なのに、脳にいないというパラドックス（笑）。

さっきもちょっと触れましたが、脳から延びて内臓に巻きついている自律神経が右脳意識への窓口になっているようなんです。

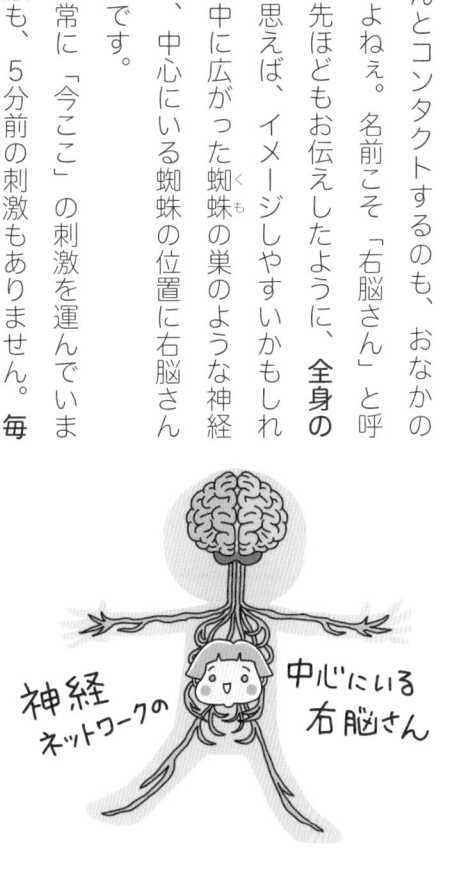

私が右脳さんとコンタクトするのも、おなかの中！ 奇妙ですよねぇ。名前こそ「右脳さん」と呼んでいますが、先ほどもお伝えしたように、**全身の神経の親分**だと思えば、イメージしやすいかもしれません。身体の中に広がった蜘蛛（くも）の巣のような神経ネットワークの、中心にいる蜘蛛の位置に右脳さんは存在するわけです。

その神経は、常に「今ここ」の刺激を運んでいます。昨日の刺激も、5分前の刺激もありません。**毎瞬毎瞬、新しい刺激を伝達**しています。

それが神経の特性です。無論、その親分である右脳さんの特性でもあります。そしてこれこそが、忙しい営業タイプである左脳さんが「今ここ」にいたがらない理由です。「今ここ」に意識がいると、右脳のほうへ行ってしまうからです！

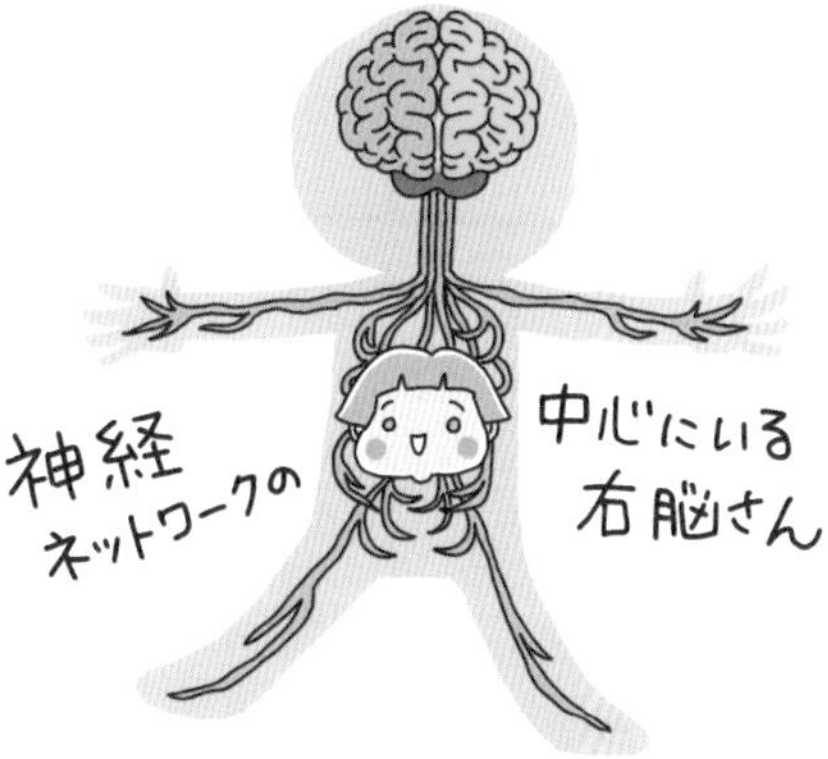

「自動思考をガンガンに流して、意識を過去や未来へ連れ出さないと、自分には栄養がもらえなくなってしまう」と左脳さんは思っているわけです。

でも、逆に、私たち意識としては、「今ここ」にいたほうがいいですよね。思考に乗せられてストレスに巻き込まれるより、「今ここ」にいて右脳意識からアドバイスをもらうほうが、絶対いいですよね！

そして、そんな右脳さんからのアドバイスを、私は「直観」と呼んでいます。

可能な限り、正確に言語化してみますと、直観とは、**「左脳の自動思考が消える→左脳の過剰がやや収まる→意識が身体感覚とつながり直す試みが、繰り返し行われる→身体感覚が統合される→右脳がその情報を意識に送る」**。

これが直観ではないかと私は思っています。言語化が難しいのは、これらは言葉になる前の感覚の世界だから。

意識が身体感覚につながり直すと、身体の内側が空間のように感じられるのです。

右脳さんの直観ネットワーク

右脳さん経由による、直観のすごさを思い知った出来事があります。

以前、宅配便の配達パートタイマーをしていた時のことでした。配達途中、急に直観がやってきて、「右へ」「左へ」と指示され、予定外の順番で配達することになったのですが、順番飛ばしで訪れたお届け先は、なんと、どれも外出される直前のタイミング！

予定の順番通りに配達に伺っていたら、すでに外出されていてお留守だった家ばかりでした。それを直観が助けてくれて配達が完了。私もありがたかったし、荷物を受け取れたお客様も喜んでくれたのです。

でも……、これっておかしくないですか。一体、なぜ、その配達先の方が間もなく

外出するとわかったんでしょう？

ちょっとした超常現象ですよね。しかも、この日だけではなく、直観はずっと続いたんです。ちなみに私は何の超能力も持っていません。どう見ても、私個人の能力じゃない。

実はこれは、**身体感覚が持っている情報に、神経ネットワークを通じて右脳さんがつながり、そして直観の形で私（意識）に教えてくれた**ものです。

驚くなかれ。身体感覚、つまりあなたの身体の細胞や神経は、他の存在たちとつながっているんですよ！

どうやってつながるか、ではなく、本当はすでにつながっているのですが、多くの人は、残念ながら意識とその情報が途絶えています。左脳ベースの意識の特徴である、「今ここにいられない」傾向が、こうした重要な情報網と意識をすれ違わせているわけです。

そしてこれは仕事上のアドバイスに限ったことではありません。こうした細胞たちの情報ネットワークは果てがなく、**あなたと関わるすべての人とタイミングが調整されている**のです。

その情報網は、**時空を超えた生命全体の意識ネットワーク**なのかもしれません。

ほらほら、やってみたくなってきたでしょう？ 「今ここ」に、いてみたくなったでしょ？

「今ここ」の呼吸で、右脳ベースに

それでは、「今ここ」に意識をとどめ、右脳意識に近づいていく呼吸法をご紹介しましょう。

目的は、**意識（つまりあなたです）が、「今ここ」にとどまる**こと。**「今ここ」を存分に味わいつくす呼吸**です。

山登りを例に取りましょう。ちょっとイメージしてみてくださいね。

ゴロゴロとした石を踏みしめながら、急な斜面の山道をあなたはひたすら上がっていきます。そうして、長い時間をかけて道を登り、息が切れ、額には汗をかき、足はヨロヨロとふらつきながら、ついに山頂へたどり着きました。

ふと見下ろすと、目の前には想像以上に迫力のある、素晴らしい景色が広がっています。もう二度と見ることがないかもしれない、特別な景色です。

「ああ……」と声を上げたきり、あなたはその景色に呆然とします。意識は景色に圧倒され、見ている自分の存在も感じられません。言葉も出てきません。目に映るものがあなたを飲み込んでいます。

まるで頭部が透明になって、景色を映し出しているかのよう。

あなたはその風景の一部となっています。見る者も、景色も、一体になっている。

いかがでしょう。

これが、「今ここ」の視点、「今ここ」の視界です。そんな感覚を持って、次ページの「今ここ」の呼吸をやってみましょう。

メインワーク2

「今ここ」の呼吸のやり方

「今ここ」と念じながら、身体の中心に意識を向けてみましょう。

① 深呼吸をする

「今ここ」の呼吸を始める時、最初に深呼吸をします。肩の力を抜き、顔の力も抜いて、楽な感じで呼吸しましょう。目は開けたままで行います。

② 「今、ここ」と念じながら呼吸をする

息を吸う時、あるいは吐く時、「今……」と言葉で念じます。声に出さなくても大丈夫。そして次の呼吸に合わせ、「ここ……」と念じます。

シンプルだけど奥が深い

③ 視野を意識しながら呼吸を続ける

「今……（ここ……）」と念じる時、身体の周囲に意識を向けます。目はしっかり開いて、目の前の世界を目の表面に映し出すようにします。「見る」のではなく、**映し出す感覚、意識が周囲の時間と同期するようなイメージ**です。

特定のモノに視点を合わせるのではなく、視野のすべてを使います。

④ 呼吸を続ける

思考が出てきても、気づくだけで流してしまいましょう。視野の方に意識を向け続けます。「今……」「ここ……」「今……」「ここ……」。

これを繰り返していきます。そして、「もう大丈夫」という気持ちが上がってきたら、終わります。

あなたは、ただただ、**今ここにいることを感じていればいいだけ**なのです。

ただただ地味な「今ここ」の呼吸

「今ここ」の呼吸は、エレベーターの呼吸より簡単に見えますが、やってみると、ちょっと難しいかもしれません。集中していない状態で、なんとな～く「今」「ここ」と念じるだけではたりないからです。**身体の周囲に意識を向けて集中し、視野のすべてを使い、身体と周囲の境界が溶け合う感覚を持つ**必要があるのです。

思考のない「今ここ」は、地味で刺激がありません。正直なところ、最初はすぐ飽きてしまう人がほとんどです。いつも舞い上がるようなファンタジックなイメージを持っていたい人は、この地味さに我慢できないかもしれません。

「今ここ」は、ただただ「今ここ」です。金色の龍神とか、ハイヤーなセルフは登場しませんし、キラキラ降り注ぐ七色の光といった華やかな展開もありません。

実は**そういった刺激は、左脳が欲している**んです。わかりやすい、盛り上がりやすい、物語のある刺激。

残念ながら、そういったことは起こりません。ひたすらに、地味です。

ところが、です。この地味さに意識がなじんでくると、だんだんと「今」が長く延びてきます。そして「ここ」が広がってきます。私たちの感じているこの意識が、右脳の意識に近づいてくるんです。

派手さのない静けさの中で、身体感覚が濃くなってきます。まるで、はるか遠くから祭囃子（ばやし）が響いてくるようです。音のない祭囃子は、細胞たちの喜びの声です。**意識が刺激を求めず、静けさの中にとどまって、「今ここ」にある身体を感じていることで、細胞が活性化してくる**のです。

不意に深い愛を感じて、涙がこぼれる方もいるでしょう。

それが右脳意識の入り口です。

とどまって、ただ「今ここ」にいましょう。

「今ここ」ただそのままを味わう意識

左脳さんは忙しがり屋で、次々と刺激を求めます。この瞬間には価値がなく、もっと、もっと、と先へ進もうとします。

右脳さんは、「今ここ」にじーっといます。「今ここ」を全力で味わい、楽しんで、「幸せ～」と思っています。右脳さんにとって、「今ここ」は遊び場です。

もし、目の前にからっぽの器があったら、左脳さんはこう言うでしょう。

「さあ、それに何を入れる？　お菓子？　アクセサリー？　お花でもいいかも！　何か価値のあるものがいいな。見た人が驚くような！　それを買いに行く計画を立てる？　いや、すぐ買いに行きましょう。どのお店にする？」

一方、右脳さんなら、こんな風です。

その器をじーっと見て、そしてそのからっぽ具合をひたすら堪能します。ありのまま、それをそのまま、味わいます。からっぽの楽しさ、おもしろさに夢中です。さすったり、叩いたり、回したり。匂いをかいだり、頭に乗せたり。

おわかりでしょうか。左脳は器自体を見ません。可能性だけを見ています。

そして右脳はただそのままを味わっています。からっぽ感を楽しんでいるんです。

あなたも**右脳さん風に、「今ここ」をそのまま味わってみて**ください。あなたはいつでもそれを選ぶことができます。左脳さん風にもなれるし、右脳さん風にもなれるんです。可能性は放っておいていい。穴は埋め

可能性
何を入れましょう
お菓子？
もっといいものを
すぐに買いに行きま

からっぽの
ありのまま
からっぽ
だねぇ
からっぽ
だねぇ

ずに、風は吹くまま。そこにあるものは、そこにあるまま。そのまま。

そして同じように、**あなた自身をも、そういう風に扱いましょう。**

ここにあるまま、そのまま。

可能性は放っておいて。

ちょっと思考的に言いますと、あなたの細胞は日々、死んで再生しています。１秒後のあなたは、もう別の細胞で構成されているんです。

ですから、**この瞬間のあなたは、この瞬間だけの存在。**あなたが今、そのままのあなたを味わわなければ、死にゆく細胞は意識に照らされることなく、終わります。

味わって、そのまま。

ありのまま、そのまま。

からっぽのまま。

デコボコのまま。

直観のための空白を持つ

何か決めかねて、どうしたらいいか知りたいことができた時、こんな風にします。

例えば、「週末に出かけるかどうか」。

それにまつわる情報や気分、「先週も出かけたよ」といった記憶が周辺にあることには気づいていますが、それはそのままにします。

そして宣言し、おなかに投げ込みます。2章のP54〜でお伝えした「疑問を投げ込む」のと同じです。

「直観にお任せすることにしました」
「私にはわかりません。答えは出しません」
「空白のままにします」

この「空白のまま」というところに、コツが必要です。なぜなら左脳さんは埋めたがり屋だから。「空白、許すまじ！　即、検討しなくては！」とすぐさま思考を開始するからです（↑マジで要らんのよ！）。

そこで、先ほどの宣言があるわけです。左脳さんがやっきになって埋めようとしても振り払います。

「私にはわかりません」は、とても強い宣言です。

空白を維持したまま、夜、しっかり睡眠を取ると、たいていは翌朝、その空白にスルリと結論が入っています。

「うん、行かないことになった。それでいい」

それは腑に落ちた（というか、腑から上がってきた）結論です。理由のない、静かな納得感がくっついています。

そして、それについてはもう考えません。出かけるはずだった週末に、大好きなチャンネルの動画がアップされているかもしれないし、急に仕事のミーティングが入り、オンラインで打ち合わせを行うかもしれない。

でも、そういうことは考えません。理由はいらないのです。

これが、**「おなかに考えてもらう」やり方**です。

こうしたことも一度ではなく、何度も何度も日常の中で起きてくると、次第に信頼が育っていきます。オカンがご紹介する方法は、日常で試して、そしてよい感じなら採用してくだされればいいです。

コツは、空白を空白のまま維持して、思考で結論を出させないこと。

埋めたがりの左脳さんをけん制しつつ、しっかりと宣言すればいいんです。

身体感覚という奇跡に気づく

この本でご紹介しているワークを始めたばかりの時は、自動思考が一日中、絶え間なく続き、思考がない状態なんて想像もできないかもしれません。

私が「言葉による思考がまったくない状態で生きています」と自己紹介したら、「じゃあ、あんた、寝ながら生きてるの?」と笑われたこともありました。

なるほど。言葉による思考があってこそ意識のある状態で、思考がない時は寝ている時だけ、とその方は思われていたんでしょうね。

ところが、

「今ここ」に意識がしっかりとあり、

頭の中に自動思考がなく、

身体感覚と意識が結びついていると、人生は、それまでより1万倍ほども「楽ちん」で、色鮮やかです。自分を愛してくれる無意識たちに抱きしめてもらいながら、常に「いいぞ、そのまいけ！」と言われて生きているのです。

正直、この状態から振り返ると、言葉による思考で生きていた頃は「モノクロのテキストチャット」で一人、孤独にブツブツとつぶやきながら、右往左往しているようでした。他の誰にも読まれることのない、無限の長さの1行チャットをずっと打ち込んでいた私。

「これでいい」という感覚が持てず、足が底につかない深さのプールで、方向もわからずに泳ぎ続けていたようなしんどさでした。心が、休む日がなかったです。

今は、そのすべてが透明になり、眼下には天然色の美しい世界が広がっています。生命にあふれた、南国の原色の森といった印象です。

それこそが身体感覚です。

触れ始めた最初のうちは、身体感覚も地味で退屈で何のへんてつもない、ただの「身体の内側のぼんやりとした感覚」でした。

ところが、長い年月にわたって意識が触れていると、まず意識のほうがその地味さに慣れてきます。静けさになじんできます。

その間に、神経がストレス状態から脱し、癒やされていくんです。それは大地とがっちりつながった健康な根のようになり、これまで以上に、活発に動き始めます。「身体の内側のぼんやりとした感覚」が、あふれる愛となり、意識を取り囲みます。そして細胞たちが生命の喜びの歌を歌い、圧倒的な幸せ感を送ってくるのです。

身体の中にこんな世界があったなんて、信じられませんでした。

右脳に意識のベースが移動したあと、当初は胸のあたりに意識がありました。そこからシュッ、シュッと細い腕のような何かを、おなかに向けて伸ばしている感覚が続いたのです。「接続確認」という印象でした。それが1年ほど続いてから、意識がおなかに入ったような、情報の海か森に入ったような感覚になっていきました。

そのあたりで、私は、**何が正しいのか、何が起きているのか、把握することをあきらめて手放しました。身体感覚の素晴らしさに信頼をおいて、すべてお任せモードに入った**のです。これが決定的でした。

そこから、全身を駆け巡る情報や感覚のスピードが倍、さらに倍と上がっていったのです。もはや、何が起きているのかつかめなかった。最初は地味だった身体感覚の世界が、圧を感じるほどの情報に満ちあふれ出しました。

把握を手放し、信頼に置き換えたことで、別のスイッチが入ったのです。

そして、ここまでの段階で、私はエレベーターの呼吸と「今ここ」の呼吸以外、何もしていません。特別な儀式を受けたわけでもないし、特定の神秘的な学びに取り組

んだこともありません。

家族と普通の生活を送っていました。家人の介護や看取り、お葬式もありました。そして毎日、パートタイマーで肉体労働をしていました！

ですから**これは、誰にでも体験できること**なんです。もともとある普通の生命活動なんです。ただ、意識がそこからはずれ、モノクロームの思考の中に取り込まれてしまっているだけなんです。

あなたの身体は今、そこにあり、意識が頭から降りてきてくれるのを待っています。刺激的な思考と独り言の世界を離れ、身体の、地味で静かな感覚に慣れてほしいと願っています。

どうぞ、おなかに意識を降ろしてください。胸からおなかのあたりをじっと感じるだけです。そこから、奇跡のような世界が始まるのです。

さあ、次からの「内側に入るためのワーク」で、その感覚をつかんでみましょう。

内側に入るためのワーク 1

身体温泉（からだおんせん）

ゆったり、ほっかり、**あなたの身体の中に意識を向けていきます。**安心してくつろげる場所と時間にやってみてください。

① 軽く深呼吸する

軽く一回、深呼吸をして、始めましょう。座っていても立っていてもＯＫです。

② 身体温泉に入る

あなたは意識です。

自分の頭の位置にいて、これから「身体温泉」につかりましょう。のどを通って、スルリと身体のほうに入ります。

身体の内側は温かい温泉です。身体の形をした温泉です。

温かいお湯の中で、手の先、足の先まで、意識を伸ばしてリラックスします。

③ 身体感覚にあいさつする

意識ごと、ドブンとお湯に入りましょう。胸からおなかのあたりで、あなたは体を丸めてお湯の中にいます。

そして（お風呂にもぐって遊ぶ子どもみたいに！）自分を取り囲む温かさを感じながら、身体感覚にあいさつをしましょう。

「やあ、気分はどうですか」

「これからもっと会いに来ます」

「私が身体の中にいられるよう、お手伝いしてね」

④ 戻る

身体感覚にしっかりとあいさつができ、「温まったなぁ」と思ったら、身体温泉から顔を出し、頭の位置に頭が、身体の内側に意識のその他の部分がぴったりハマって、おしまいです。

もしも温かさの感覚が残っていたら、細胞がいきいきとしている様子を感じてみましょう。

身体とあいさつがしたくなったら、いつでもやってみてください。だんだんと深くつながれるようになっていくのが感じられるでしょう。

いい湯だな～
身体の内側を 温泉のように 味わいます

「私」が主語の座から降りてみると

内側の身体感覚を感じようとして、身体に意識を向けていると、その分、外側の世界へ向ける意識が減ります。

右手でけん玉をしながら、同時に左手でゲームを操作することが難しいように、私たちの脳は複数箇所への同時集中が苦手です。そういう風にできているようです（なので直観を感じようと意識したり、身体感覚に集中していると外側に気が回りません。内側への集中は、外側の世界の安全が確保されている時にしてくださいね）。

慣れてくると、内側にいながら、神経の働きを経た外側の世界を受け取るかっこうになってきます。**「私が見ている」という姿勢から、「目が世界を捉え、視神経を経た情報を内側で感じている」という姿勢へ、変化する**のです。

「私が見ている」という時、意識は身体の顔のあたりにあり、しかもたいてい、顔より外側にハミ出ています。「私が！」という勢いのある姿勢が、意識の形にまで影響しているようです。

つまり、「私が見ている」「私が聞いている」「私が食べている」など、「私」という主語が、強く意識で働きます。左脳が「私意識」を強めていると言ってもいいかもしれません。

試しにこれらを、「目が世界を捉えている」「耳に音が入ってくる」「身体が食べ物を取り込んでいる」と言い換えて受け取ってみましょう。どれもみな、神経がやっているというていです。届いた刺激を脳が変換し、その結果の情報を、意識が身体の内側で受け取っているというような――まぁ、実はそれが事実なのですが！

こうしていると、**次第に「私」という意識が小さくなっていく**のがわかります。風船のように膨らんで大きくなっていたものが、元の小さいサイズに戻っていきます。

これは「主語を手放す」行為と言えるかもしれません。これまで「私が」とやっていたことを手放し、「この生命が」と言い換える感じです。**「私」が主語の座から降りるんです。**

人生の引退？　いいえ、本来の位置に戻るだけ！　そもそも、過剰すぎる責任を勝手に引き受けていたのです。

そして、実際に「この生命が」と主語を変換し、体験してみると、意識は身体の「内側」にいて神経を経由し、「外側」の世界を感じるかっこうになります。

実はこの時、私たちは「右脳的」に世界を把握しています。右脳は常に内側で外側を感じているのです。

学生時代の友人が、社会人になってから、ひどい記憶喪失になったことがあります。一時的でしたが、自分に関するエピソード記憶もほとんど失い、あらゆる言葉、あらゆる名前の記憶を失いました。

その後、数年経って回復した彼女と会って話をしたのですが、彼女はこんなことを言っていました。

「言葉がないと、モノの名前が思い出せなかった。モノの名前が自分の中に存在しないと、目の前にあってもソレを把握できないの。目の前にベッドがあっても、ベッドという名前が思い出せない。するとそのモノと関わることができなくて、それは私の世界に存在しなくて、すべてのモノが存在しなかったから、まるでたった一人で宇宙空間に浮かんでいるみたいだった」と。

これは、常日頃、いかに左脳の機能が働いて、言葉で世界を把握しているかがわかる体験談ではないでしょうか。

彼女の場合は、左脳をベースにしている意識があり、そしてそのまま言葉の機能を一気に失いました。左脳はすべてを言葉で把握しているので、言葉が使えない意識はモノと関わる機能も失われたのです。

つまり、**私たちの左脳は、意識の水面下ですべてのモノに名前をラベル貼りして、名前で世界を把握している**ということです。

見える範囲を全部？　なんとまぁ、ご苦労なことです！

その活動は意識の表面にまで上がってきませんが、脳の膨大なエネルギーを消費しているでしょう。

ということは、**身体感覚に意識を向けていれば、外側の世界への注意が薄くなっていく**ということです。これって、思考を止めたい私たちにとっても好条件ではないですか？

身体感覚を意識してさえいれば、それだけ膨大な、水面下の左脳の活動を減らすことができるわけです。つまり、左脳の独占が減って、右脳へ回る栄養も増えるんじゃないかと思うのです。

公園や森の中など、自然が目に入る場所で心が安らぐのは、左脳の水面下でのラベル貼りが止まるからかもしれません。私の経験でも、木の葉が風でワサワサと揺れる様子を見ると、右脳さんが出てきて大喜びします（右脳さんはあの光景が大好き！）。名前のある人工物には左脳のラベル貼りが起きるけれど、自然物には起きにくいのかもしれないですね。

ちなみに、記憶喪失になった友人には、とうとう戻らなかった記憶があるそうです。それは、電車の路線図と、駅名――なるほど、人工物の極みです。

もしかして、自然の中で一番、安らいでいるのは、ラベル貼りから解放された左脳さん自身なのかもしれません。

内側に入るためのワーク 2

「見る」と、「目に映る」

見ることと、目に映ること、この違いを通じて**意識の在り方を感じるワーク**です。公園など、屋外の安全な場所で行うのがおすすめです。屋内にいるなら、窓から外を見てやってみてください。

① 私が見る

「私が見る」「私が見ている」と繰り返し言いながら、景色を見ます。景色のどこに焦点が合っていますか。意識は身体のどのあたりにありますか。身体の姿勢はどうでしょう。

② 目に映っている

次に、「景色が目に映っている」「景色が目に入ってくる」と言いながら景色を見ます。景色のどこに焦点が合っていま

すか。意識はどうでしょう。身体の姿勢は？

③ 目を後ろに下げる

さらに意識が後ろに下がるようにしてみましょう。後頭部に手を当て、そこへ向けて目玉を後ろに引っ張るようなイメージで、視点を後ろに下げます。前方の景色を、頭蓋骨前面を透かして見るようなかっこうです。

後ろへ、後ろへと意識を下げてみましょう。景色が頭の中に入ってきますか？

④ 意識の違いを感じる

後頭部に当てた手を離し、ひと息ついてもう一度、①の「私が見る」「私が見ている」を試します。最初にやった時のほうが、「意識が前に出ている」感覚が強かったことに気づきますか？

他に、「私が聞く」↓「耳に音が入ってくる」も試して、違いを感じてみましょう。

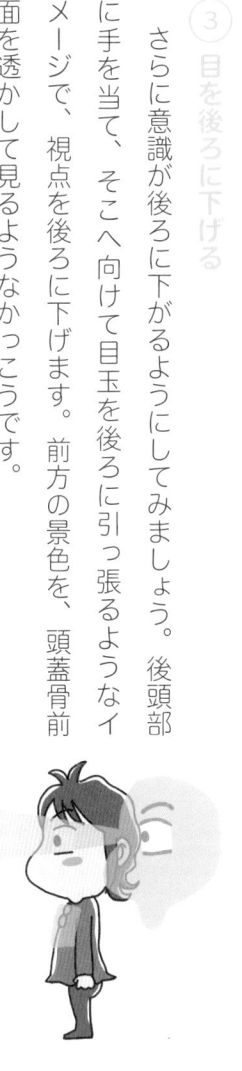

左脳さんの予測を打ち消せ！

「今ここ」に意識があろうとする時、左脳はなんとかして「過去」や「未来」をそこに混ぜ込もうとします。過去という記憶情報や未来の予測という可能性を、意識させようとするのです。

それをあぶり出す実験です。

知り合いが映っている写真を取り出して、眺めましょう。

ぱっと見た瞬間、どうですか？

(○○さんだ。この人はこういう性格で、今、こんな仕事をしている)

(仕事帰りによく一緒に飲みに行って、カラオケでも歌ったな)

(おせっかいだけど、親切で。まぁ、いい人だよ)

……などと一気に記憶がよみがえり、連想が始まりませんでしたか？　まるで、自然な連想のような形で現れましたよね。

これが左脳の把握方法です。**過去の記憶を参照して、自分とその情報が向き合う姿勢のようなものを決めようとする**のです。敵か味方か、自分と遠いか近いか。

今度は、その写真の細かいところまでを絵にして描き写すような感じで、見つめてみてください。立ち方、髪型、表情、肌の質感、服の細かなシワ、腕の曲げ方、足の向き……。

すると次第に、その人に関する記憶から離れ、写真そのものが見えてきます。

それが、右脳の見え方です。**過去の何をも参照しない、今この瞬間、ありのままをそのまま捉える**のです。

同じように、未来に対しても左脳の見方が介入してきます。それが予測です。

（あの人はきっとこうするだろう）

（まぁ、こうなるに決まってるよね）

（あれがこうなって、ソレがこうなって、それから……）

これらは何かを見たり、考えたりする時、ごく自然に起きてきます。こうして、意識の活動を左脳中心に置いておこうとするわけです。その情報は正しいかもしれないし、思い込みかもしれません。

内容はともかく、左脳の影響を取り除くためにこれらを打ち消していきます。

「一瞬後のことすら、何一つ、決まってないよ」

「可能性は無限だよ」

「何か誰か、一つ違う選択をしたら、世界のすべてが変わりうるんだ」

「無限で未知で、その瞬間まで確定しない未来にワクワクする！」

こんな言葉をかけてみるのです。**左脳が創り出して見せてくる幻の未来像を、打ち消していく**のです。左脳の介入に気づいたら、繰り返し、そう唱えます。

私の思考がブツッと途切れた日から、右脳ベースの状態に慣れるまでずっと強く感じていたのが、この**「未来は無限で、未知で、存在しない」**ということでした。

急激に右脳ベースになったためか、しばらくは次の一歩が意識には見えず、目隠しをして歩いている気分でもありました。さっきの左脳の過去・未来情報が一時的に出なくなっていたらしく、次の瞬間、次の瞬間、世界が創造されていく感覚がとにかく、ものすごかった。

だんだんと慣れていって、次第にそれが自然な在り方になりましたが、**「世界は一瞬一瞬、創造されている」**という感覚が今も常に、強くあります。

「今ここ」にいる
心地よさや安心感を
いつも感じます
思考に
振り回されなくなり、
一日の終わりの疲れが
減りました

COLUMN

直観をきたえる質問ボタン

直観は、身体感覚の持っている膨大な神経情報から、右脳を通じて意識に届く、特別な情報です。いわば、すべての意識がひとつになった「ワンネス」と呼ばれるところから、集合無意識を通じて届くもので、その内容に限界がありません。私が宅配便を配達していた時のエピソードのように、直接、会ってもいない誰かの今日の予定さえ、その情報には組み込まれています。

とはいえ、私たち意識が理解できる直観は、ごく小さな範囲にとどまります。自分がどう動くか、ヒントになる小さなイメージが届く感じです。

それ以上のことは、**動けば「起きます」**。

あなたという一本の織り糸が世界の中で動き、軌跡を残し、関わり合う多くの方の糸もまた、動きます。そうして見えない巨大な織物が織り進められていきます。

あなたが動かないと「起きません」。それもまた、おもしろいところです。

とにかく、知りたいことを直観にたずねてみましょう。

私の場合はこんな具合です。日常のあらゆる場面で、**直観に問いかける「質問ボタン」を押します**。ボタンを心の中でイメージして好きな音を設定するのです。心の中で鈴を振ったり、語りかける言葉を設定したりしてもいいですよ。

そうして**右脳意識に直接、問いかけます**。

「右脳さん、ハロー」とか、「ウノちゃん、お元気？」とか。

そして、心の中でたずねます。

(今、気づいておいたほうがいいコト、ある？)

(今、伝えたいこと、ある？)

(出かけるけど、通ったほうがいい道は？)

(新しい感覚に出会いたい。その時、教えてね)

(「豊かだなぁ」って感じたい。サインを送ってね)

これらの問いを、身体の内側へ落とすように送り込みます。ちょうどエレベーターの呼吸をしているおなかの中の空間へと、のどから落とし込む感覚です。

問いかけたら口角を上げ、普段通りに過ごします。すると、**答えは、思考で埋められていない空間に現れます**。だから質問を忘れているぐらいがちょうどいいのです。

たとえ、答えが答えとして気づけなくても大丈夫。なぜなら右脳さんの答えは、自分の思いつきと同じ波長で、気づかぬうちにそっと届いているからです。自分で思いついたのか、届いた答えなのか、最初のうちは見わけがつかないかもしれません。

ただ、先に思考が続いて、そこから「考えて導き出した」答えではないものです。「もしこういう風にしたら、きっとこうなるよね。じゃあ、やっぱりこうすべきかな」という風に、思考が出す答えではありません。これは左脳の予測にすぎません。そうではなく、唐突にそこに発生した、そんな「知」です。

不意に近所のお店が鮮明にイメージに浮かび、「あの店の前を通っていこう、そういうことなんだ」と腑に落ちた感覚——直観はこんな具合に浮かびます。

それを得たら、もう決定ずみにして、左脳に妨害情報を出させないようにします。

「遠回りだ。無駄だ。それになんの意味がある」と左脳が否定してくることが多いので、「はいはい、却下！　**もう直観情報で決定ずみだからね！**」と言いましょう。

直観は思考と違い、それなりに時間がかかります。何日も経って、ふと心に浮かぶことも多いです。右脳さんの「今」は永遠に「今」なので、時間が経っても不思議と有効な答えになっています。

そしてこれもまた、**あなたが育てていく神経回路**です。続けるほどに、次第にレスポンスも早く、わかりやすくなっていきます。問いかけている時、その行為自体が右脳への神経回路を創造しているんです。

だから気軽に、「ピコンピコン」と心の中のボタンを押し、問いかけましょう。オカンは起きている間中、ずっと、問いかけと受け取りを秒刻みでやっていますので（笑）、「どんなにたくさん働きかけても大丈夫」と自信を持ってお伝えできます。

す〜……
は〜……
す〜……
は〜……
どう、兄ちゃん感覚つかめてきた？
ガサァ！
うわっ！えーと、だんだんわかってきたような
自動思考の出方はどう？
ずーっと出てます・・・・
ええやん！
エッ!?
だってそれって自動思考に気づけてる
ハッ
僕の自動思考って良い人に注目して自分と比較して自分のダメさを責めるんです
良い気づき
ほー
ぽん
これを止められたらいいのになぁ・・・・

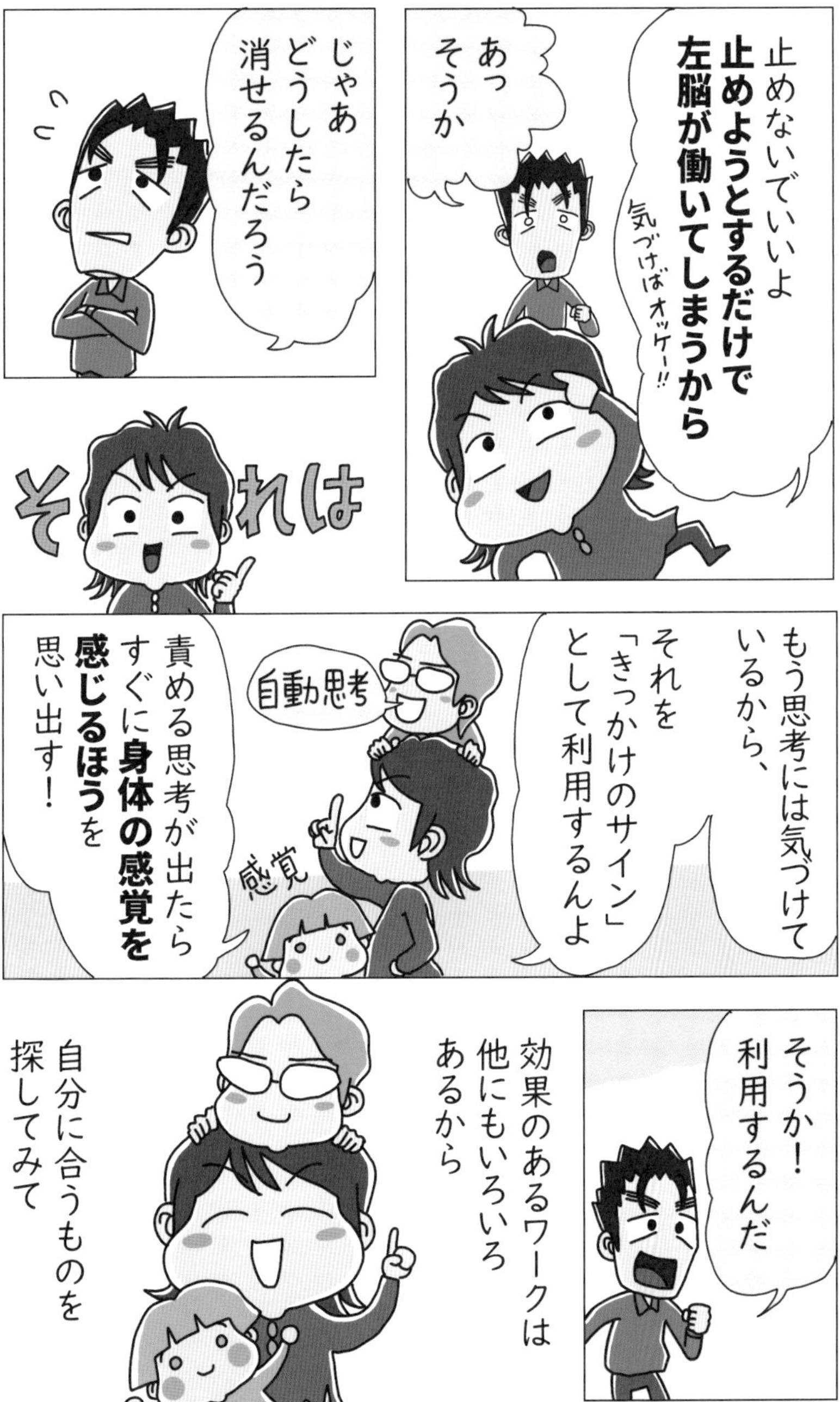
止めないでいいよ　**止めようとするだけで左脳が働いてしまうから**
気づけばオッケー!!
あっ　そうか
じゃあ　どうしたら消せるんだろう
それは
もう思考には気づけているから、それを「きっかけのサイン」として利用するんよ
自動思考
感覚
責める思考が出たらすぐに**身体の感覚を感じるほう**を思い出す！
そうか！利用するんだ
効果のあるワークは他にもいろいろあるから
自分に合うものを探してみて

右脳ベースに近づくための、やること一覧表

- ✓ 右脳ベースの意識になることを意図する

- ✓ 自動思考に気づく
- ✓ 自動思考に気づいたら、にっこりピースをする
- ✓ 思考の続きを考えないようにする
- ✓ 「エレベーターの呼吸」をする
- ✓ 「今ここ」の呼吸をする
- ✓ 出てきた疑問はおなかに投げ込み、「私にはわかりません！」と宣言して、頭で答えを出さない
- ✓ 他のさまざまなワークをする

4章

おすすめのパワフルサブワーク集

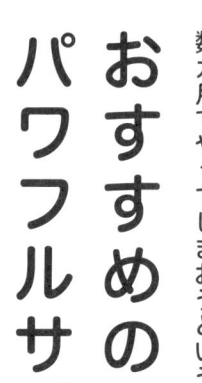

この本ではこれまでオカンが提唱してきたたくさんのワークの中から、最強のものを選りすぐりました。
サブワークにもパワフルなものがそろっています。
一般的な悟りの道では何十年もかけて体験することを、数カ月でやってしまおうというオカン式変容ワークです。

ワークはとにかく、「続けること！」

一日の中で、思考が止まっている状態を少しずつ長くしていくために行ってほしいのが、ワークです。**いつもと同じ日常を同じように過ごしていては、変容は起こりません。なぜなら、いつもと同じ神経回路に刺激が流れるから**です。

ストレス物質の出ない、幸せでくつろいだ脳を作り出すために、ワークでそれをやってみて、感じてみましょう。

すると、いつもの神経回路には刺激が流れず、新しい回路が使われ、新しい回路に栄養が与えられます。それを何度も続けていけば、私たちの望む幸せな回路が強化され、そこが自然に使われるようになっていきます。

ですから、一回だけやって「ああ、こんなもんか」と理解するだけでは、というか理解した気になっても、変容には近づきません。少なくとも数カ月間、繰り返し繰り返し行います。**ワークは筋肉トレーニングと同じ。**本だけ読んでいても、トレーニングをしなければ絶対に筋肉はつきませんよね。

といって「ザ・筋トレ」から想像する、苦しいワークはないです。リラックスできて、幸せを感じられるようなものばかりを集めました。そんな脳になってほしいわけですからね。

ワークを始めてから2カ月もしないうちに「これか！」とつかめる人もいれば、1年経ってようやく変化を感じてきたという人もいます。本当に千差万別。**どんな人にも自分のペースや自分に合ったワークがあります。**

また、うまい、ヘタもありません。単純に「思考の声が消えている時間をどの程度、作り出せるようになってきたか」です。

人と比べる必要はまったくないです。

このほか、「自動思考が減ってきたなぁ」とか、「身体の内側の感覚が濃くなった」と感じたりしたら、そのワークはあなたに合っています。

逆に、難しいワークに取り組んでいる気がするのに、それを続けていても自動思考が減ったと感じられないなら、そのワークはあなたに合っていません。

大切なのは、自分に合うワークを見つけること。それがどんなに伝統的で素晴らしいワークであっても、自分に合わなければどうしようもないのです。

とりあえず、**1週間くらい続けて**みます。最大に効果が出るのはどれなのか、自動思考の量や強さの変化を確認しながら探し、それで合わないと思うなら他のワークを試しましょう（注・その時は効果を感じられなかったけれど、後日、やってみたら「おお！これか！」と気づくかもしれないので、一度であきらめないでね）。

ここに紹介しているものはどれも素晴らしいパワフルなワークです！　どれでもいいので、**とにかく自分に合うものを探し出し、楽しんで継続して**ください。

あと、これも大切なことなので、ちょっと説明します。

例えばエレベーターの呼吸をするとしましょう。すると、「あれ、これはうまくいってないんじゃないか」「もっといいやり方があるかも」「この感覚は合ってるのかな」など、**ワークに関する自動思考が出てきたり**します。

でも、それに乗っかってしまうと、そこまでがんばっていた分が再び左脳さんに取り戻され、弱り始めていたクラウン回路がまた元気になってしまいます。

ワークにはうまくいくコツもあり、工夫してやってほしいのですが、一つひとつに対して、「これでいいんだろうか」「違うんだろうか」と考え始めていることに気づいたら、「ヤバイ！　左脳さんの作戦だ、今度はワークのことを考えさせようとしているぞ！」と気づいてください。

そして、それは一度、置いといて、がむしゃらにワークをやってほしい。とにかく**「疑問や不安は横に置き、四の五の言わずに1週間やってみる」**です！

ワーク選びのポイント

●手札のワークを持っておく

自分が「好きだな」「これをやると一瞬、ピタッピタッと自動思考が止まる！」というワークをいくつか持っておくことをおすすめします。

忙しい時用、移動中で時間がある時用、自然の中にいる時用、外に出られない時用、ちょっとしたすきま時間がある時用というように、それぞれのシチュエーションででき て、自分にぴったりくるワークを探しておくのです。

たくさんの手札（ワーク）を手に持ち、「はい、今日はこれ」「今日はこっち」というようにできているほうが意識変容も早いような気がしますので、時間がある時にでもいろいろ試してみましょう。

●いくつかを組み合わせる

効果があったワークを見つけたら、今度は違うタイプのワークを探し、交互に行うのもいいでしょう。2番目のワークは、1番目のものより手軽な、空き時間でもできそうなものだといいかもしれません。

一日の中で組み合わせながら進めてみて、より効果が実感できたら、そのセットが今のあなたに合っているということ。一つにじっくり取り組むのもいいですが、組み合わせて行うと他の面からのアプローチができるので、相乗効果も期待できます。

●苦手なことほど、やってみる

嫌なことを続ける必要はまったくないのですが、**苦手意識があるところに大事なピースが隠れていたりします。**運動が苦手なら身体を動かすものを、瞑想が苦手なら瞑想系を、感じるワークが苦手なら感じるワークをやってみる、といった具合です。

紹介されているものをざ〜っと見て、「あ、これ、苦手かも」というものがあったら、折を見て調子のいい時、試してみてもいいかもしれません。

やってみよう！
メインワークとパワフルサブワーク

では、実際のワークのご紹介です。

これまでの章でご紹介してきた、

① 自動思考に気づく（36ページあたり）
② エレベーターの呼吸（68ページ）
③ 「今ここ」の呼吸（90ページ）

という3つをメインワークとしていますので、まずはこれらを行ってください。

どれもすべての方におすすめで、メインワークはズバリ、あなたの在り方を左脳ベースから右脳ベースへ寄せていく、**神経回路組み換えワーク**です！

この3つのワークを続けていくだけでも、十分、右脳ベースになります。

① 自動思考に気づく

36ページあたり

自動思考に気づく（そして、止める）。

② エレベーターの呼吸

68ページ～

ゆっくり呼吸をしながら、おなかの中にエレベーターの底をイメージし、上下に動かす。
できるだけ、おなかの内壁をこすりながら動かすよう、意識。

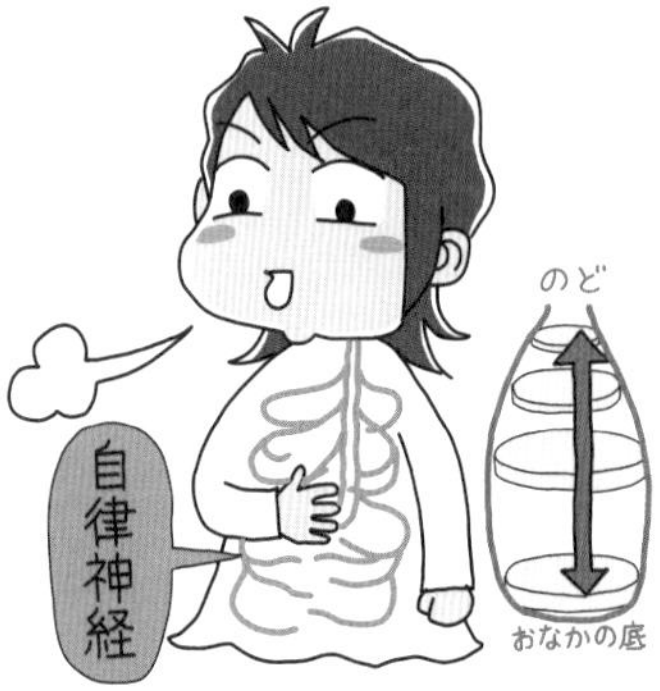

③「今ここ」の呼吸

90ページ～

意識を、目の前や身体の感覚に集中しながら、「今」で吸い、「ここ」で吐く呼吸をする。

その上で、他にもいろいろなワークがあります。これらはサブワークという位置づけで、メインワークを続けながら、他の時間に取り入れるものとしてご紹介します。

ただ、人によってはサブワークのほうが「右脳ベースになりやすい」「取り組みやすい」というケースもあるので、それを中心に行ってもかまいません。自分の身体や感覚と相談しながら進めましょう。

サブワークは大きくわけて４種類あります。

①外側をやめて、内側に→【感覚ワーク】（P138〜）

「外側」から見ている「身体のイメージ」は左脳的です。これを、身体の「内側」にある「神経が今、感じていること」に変えていきます。

また、身体温泉（P105〜）や『見る』と『目に映る』（P114〜）といった「内側に入るためのワーク」も感覚ワークです。

②過去や未来をやめて、「今ここ」に→【「今ここ」ワーク】（P146〜）

左脳を使って過去や未来を考えることに慣れ過ぎている意識を、「今ここ」にとどまらせます。「今ここ」は右脳の領域です。

③ 次々と出てくる自動思考対策 → 【自動思考をゆさぶるワーク】（P151〜）

自動思考に対して直接、働きかけ、その働きを立ち止まらせたり、困惑させたりするワークです。ダイレクトアタック！　意外と効きます。おもしろいですよ。

④ 思考の答えではなく「わからない空白」を維持 → 【直観のためのワーク】（P156〜）

疑問が浮かぶと、私たちはすぐ左脳思考で答えを埋めたくなってしまいます。でも、それを我慢して「わからない空白」のまま、維持します。すると空白が直観をうながしてくれるようになるので、それを練習します。

ここにあるどれもが大切かつ、パワフルなワークです。バランスよく組み合わせながら、取り組んでみましょう。

感覚ワーク 1

フードフィーリング

身体と対話したい？　身体の本当の声を聞きたい？　としたら、このフードフィーリングを試してみてください。簡単ですが、**オカンの奥義に直結する、スペシャル体感ワーク**です！

① 心臓の高さの、胸の中央を指で軽く押さえる

ゆっくりと呼吸しながら少しの間、胸に置いたその指のあたりの骨や皮膚を感じ、意識の居場所を作ります。

② 「そのあたりに意識がある」とイメージし、おなかのほうへ意識を広げる

落ち着いたら、意識をおなかのあたりに広げます。難しく考えず、さっとやってみます。おなかの中が感じられたらOK。

③ 食べ物の名前を一つ、口に出さずにおなかへ投げかける

（例）カレーライス……。

投げかけたあと、おなか全体の空気感、色合い、やわらかさ、温かさのようなものにふわりと変化が感じられましたか（内臓そのものの感覚でもいいです）？

④ 嫌いな食べ物の名前を投げかける

今度は違う感じがしましたか？

⑤ 今、食べたい（目の前に出てきたら大喜びで食べ出すような）食べ物の名前を投げかける

また違った感じがしませんか。違いが感じられたらOKです。

そう、これがまさしくフード（食べ物）のフィーリング（感じ）なんです。

「さっきはおなかの右側がふわっとして、次は胃の後ろあたりがキュッとした。今は全体があったかい」みたいな感じです。

これが文字通り、身体の声。すごく大事な声です。

ちなみに、食べ物の名前の合間に、食べ物ではない名前、例えば何か迷ってることをはさみこんで身体の反応をみることもできます。

「ハンバーグ……、焼きそば……、子どもの塾通いを増やす……」

「アイスクリーム……、ショートケーキ……、会社の部下に昨日の案件を頼む……」

すると、おなかがよい反応を示しているか、食べたくないもののように反応しているのか感じ取りやすいので、それで迷い事も判断できるのです。

以上が**身体の声を聞く**というツールです。簡単でしょう？　少し練習すれば、より明確にわかるようになりますよ。

そしてこれが、**思考が消えて以来の「オカンの思考方法」**です。基本、「何が食べたいかなぁ」と同じことをしています。**いちいち言葉にしなくても、このふんわりした感じのまま、気づいて受け取ればいい**だけです。少なくとも、「いい感じ」か「やな感じ」か、わかればいい。

私はこれを起きている間じゅう、何をするにもずっとやっています。

投げ込むことがなくても、ぽかんと青空を眺める感覚でおなかを感じています。ふんわり温かくて、ふんわり反応してくれるおなか。

それだけじゃないんです。意識がずっとおなかにあると、それが化学反応を起こすかのように、**ある日、ふっと「智慧」が意識に現れます。**自分で考えついたとは思えないような深い智慧。腑に落ちる感覚、新しい世界観、物事の捉え方がぐぐっと広がる瞬間。

それが、おなかと意識のふれあいから起きます。

そしてこれらは**集合無意識からおなかを通じて結晶化する智慧**であると、私は捉えています。

感覚ワーク 2

森のオオカミになる

お休みの日、ゆっくり時間を取って、やってほしいワークです。**何でもかんでも、全部おなかに聞いてみましょう。**本気で。そこに神さまがいるつもりで。

「私は何を食べるべきですか？」

「身体を休めるべきですか？　動くべきですか？」

「私には使命がありますか？」

「私がすべきことは何でしょう？」

こうした質問を、自分のおなかに落とし込み、そして全力で待ちます。

待つ姿勢は、こんなイメージです。

あなたは、森の女神の守護神であるオオカミ。

森の奥の巨木の脇に座り、ゆったりとくつろいでいる姿に見えますが、常に耳を立て、森があなたに語りかけるメッセージに、集中しています。「決して女神の指示を聞き逃すまい」というかたい決意があります（全身でオオカミになりましょう！）。

左脳が代わりの答えを思考でささやきだしたら、「静かに待つんだ」と命じます。こうして、森のオオカミになったつもりでいると、**皮膚感覚や音の聞こえ方が鋭敏**になります。答えは必ず与えられると信じて、待ちます。

今いる場所で、何か目に留まるものはありますか。不意に心をよぎるイメージ、忘れていたできごとのシーンはありませんか。直観の答えを素早く得たい時、この、オオカミの集中して待つイメージがそれを助けてくれます。思考で答えを埋めず、全身の感覚に開いておくのです。

心を世界に開いて待つんです。

感覚ワーク3 右手さん、左手さん

呼吸によるワークが息苦しかったり、「余計に思考まみれになる」と感じたりしたら、**首から下にぐっと意識を向ける**、このワークを試してみてください。

せっかちなあなたも、慌てることなく、じっくりていねいに時間をかけて身体と向き合ってみましょう。

① 右手を感じる

いすに腰かけるなどして深呼吸し、心をしずめたら、膝に両手を置き、まず右手を感じます（目は閉じても閉じなくてもいいです）。そして「右手さん、今、どんな感じですか？」と聞いてみましょう。何か返事をしてくれるかもしれないし、何の反応もないかもしれませんが、気にしません。

指先一本一本から、腕のつけ根までじっくりと味わってみます。

② 左手を感じる

次に左手を感じます。そして同じように「左手さん、どんな感じですか？」と聞いてみます。

③ 右足を感じる

左手を十分に感じたら、今度は右足を感じるよう、意識してみます。「右足さん、どんな感じですか？」と聞きながら、つま先から足のつけ根まで、じっくり感じます。

④ 左足を感じる

最後は左足に意識を向けます。「左足さん、どんな感じですか？」と聞いてみましょう。

すべてを感じ切ったと思ったら、終了です。終わってみると、始める前よりも手足の存在感を感じることができているかもしれません。ワークの最中は頭の思考も消えていたでしょう。それでＯＫです。

「今ここ」ワーク 1

ほけぇ〜〜〜(°ᐃ°)ワーク

私たちは無意識のうちに身体のいろんな部分に力を入れて、「感じ」を感じなくさせています。そこで身体も意識も、真剣に集中して脱力しましょう。すると意識はどこにも行けなくなり、「今ここ」に帰ってきます。とっても、簡単。そしてなんだか愉快。『エレベーターの呼吸』は苦手だけど、これで自動思考が止まった」という人も多いんです！

①全力で脱力する

ズバリ、「ほけぇ〜〜〜(°ᐃ°)」としてみます。ちょっと上を見上げ、ぽかーーんと軽く口を開け、「ほけぇ〜〜〜(°ᐃ°)」。

②さらに身体の力を抜いて〜

お風呂に入った瞬間のように、「ほけぇ〜〜〜〜〜〜〜(°ᐃ°)」。

③ 頭の中まで力を抜いて〜

どこまで脱力できますか？

「ほけぇ〜〜〜〜〜〜〜〜〜〜〜〜〜〜〜(°△°)」

自分が一番、「腑抜け＝脱力」するような言葉で行います。

いろいろな「アタマカラッポ・ワード」を試してみましょう。

「ほけぇ〜〜〜〜〜〜〜〜(°△°)」

「ぽかーーーーーーーん(°△°)」

「ふぁーーーーーーーー(°△°)」

「ほわぁ〜〜〜〜〜〜〜(°△°)」

表情筋を緩めて身体の脱力に集中している時、**思考は出てくるスキを失います。**この空白を楽しんでください。

ポイント＆コツは、「口を半開きで緩ませる」「ちょっと斜め上方向を見るように、首を傾ける」です。姿勢のお手本は、空也上人像（京都・六波羅蜜寺）!?

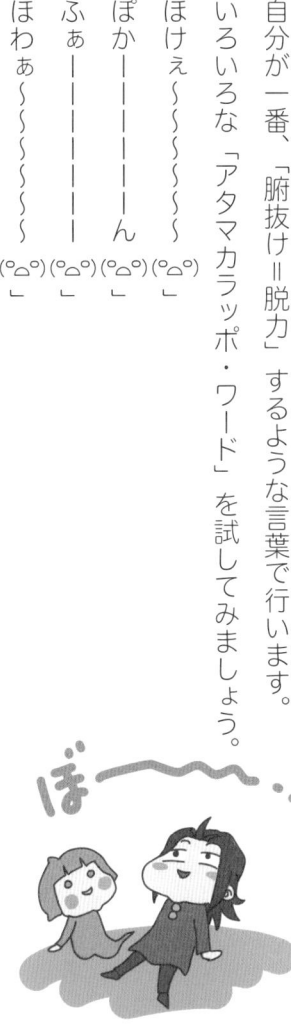

「今ここ」ワーク 2

耳をすます

私たちには五感という身体の感覚があります。五感とは、視覚（目）、聴覚（耳）、嗅覚（鼻）、味覚（口）、触覚（皮膚）です。ほとんど意識することなく、これらの感覚と重力による重さの体感で、私たちの内なる世界はつくられています。

個人的な体験ですが、右耳に菌が入って耳の鼓膜がとけ、右側の音がまったく聞こえなくなったことがありました（現在は聴力も回復しています！）。すると、驚くことに世界が違って感じられたのです。身体の右側の空間が存在しないような、不思議な感覚でした。

このように、私たちが感じている外側の世界というものは、実は五感から自然に入力される感覚をもとに、脳の内側で組み立てられた「仮想世界」のようなものです。

五感に意識を向けると、内的世界が変わります。思考している時は、思考を生み出す神経回路が働いていますが、五感に意識を向ける時、まったく別の神経回路が働くのです。

それは、**「今ここ」の神経に対して開かれる、新しい感覚**です。かつて古代の人類が森の中で近づいてくる猛獣の気配に耳をすませていたように、沈黙していたあなたの右脳がよみがえるのです。

①耳をすまし、今、自然に聞こえている音に、ただ気づく
②もう少し遠くの音に耳をすます
③もっと遠くの音に耳をすます

屋内にいる時は、あなたのいる空間の外の音に耳をすまします。外にいる時は、さらに遠くの音に耳をすましてみましょう。

その町の音、その国の音、大空の果ての音、地球の音……。「もっと遠く」と意図しただけで、あなたの脳は反応します。

聞こえているかどうかではなく、聞こうとする意図が脳に変化を起こすのです。

もっと遠く、そのさらに外側の音……。果てしない遠くの音（無音）とともに、思考のない空白がそこにあります。

聞くという意図が、意識を「今ここ」に開きます。

シューッという音のようなものがしたり、視野がぼやけたりすることがあるかもしれません。意識が五感に集中する時、左脳は黙らされてしまいます。脳の、別の回路が活性化してくるのです。

聞こえるか聞こえないかではなく、意識を聴力に集中することが変化を生みます。同じように、空を見上げて「もっと高く、もっと遠い色を見よう」という「視力集中」や、目を閉じて匂いに集中する「嗅覚集中」、風が肌をなでるのを感じる「感覚集中」を行ったりするのもいいでしょう。

五感は常に開かれている、「今ここ」の神経活動です。**五感集中は、意識を「今ここ」にとどめるのに最適**なんです。

自動思考を揺さぶるワーク1

正論ワーク

左脳は、あなたという意識を「思考の迷路」に連れ込むことで、グルグルグルグル、同じところを回らせようとしています。さんざん思考させて、「やっぱり仕事を辞めよう」と決意させ、「でも」とグルグル回らせた挙げ句、「辞めるのをやめよう」と逆転させたりします。

左脳は思考してさえいれば栄養がもらえるので、結果なんてどうでもいい。うーん、かなり迷惑。「時間とエネルギーを返せ」と言いたくなります。だって、グルグルは、ちっとも幸せになれない思考ばかりだから。なので、**左脳に対し、はっきりと文句を言いましょう！**

これは、意識のあなたが、思考の催眠状態から覚めて、くるりと振り返り、突然、左脳に文句を言い始める、痛快ワークです。

① 思考に気づく

自動思考が意識を巻き込み、答えの出ない思考をグルグルしていたら、**気づきましょう。「ああ、またいつもの思考がグルグルしているぞ！」**。最初は乗せられてもかまいません。**「自動思考に気づく」ことがスタートライン**です。

② 気づいたら、正論をふっかけてやる！

自動思考は左脳に栄養を回そうと思考しています。**気づいたら正論をふっかけます。**

「その思考じゃなくて、今、最高に幸せになれる考えを出して！」

③ さらにたたみかけるように言う

「そんな思考じゃ、幸せを感じられない！」

「最高に幸せになれる思考しかいらない」

「全員がハッピーになれるアイデアを出して」

④ 思考はここで黙り込む（はず）

自分の経験することはさ、ぜんぶ自分が選んでるっていうけどじゃあ、やっぱりわたしが詰まらない人間だから詰まらない人生になっちゃってるってことよね。どうしたら良くなれるの？
自動思考のフキダシに入り込んでいる。
自動思考のフキダシに働きかける！
え…その…
ねえどうして
いま、その思考を出してきたの？他にもっと良い思考あるよね？良い思考にしてよ
自動思考と意識にスキマができる！

思考は意識の背後に隠れ、うまく操っているつもりだったので、「まさか、バレていたなんて」。ぎょっとして黙り込むので、そのスキに**思考のない静けさを味わいます**（思考が文句を言い出したら、何度でも詰め寄り、幸せな思考を要求してください。それも最高のね！）。

思考がしーんと黙って何かの感じが出てきたなら、それを感じます。しょんぼりしていたり、ケンカをしているような不快感が出てきても、そのまま感じましょう。

でも、**思考が暴れ出したら、しっかり「ノー」を言います。**本来、意識にとって「今ここ」は、身体の感覚と結びついて幸せになれる時間です。それを尊重しない思考には、出直しを要求してください。**「一番よい、誰もが幸せになれるアイデアなら、聞きますよ」**と。そんな言葉に、思考はとまどうばかりでしょう。

今はぶつかっていてもいずれ自動思考が消えた時、あなたと左脳が和解して意気投合し、助け合う仲間になるという結末が待っています。がんじがらめにくっついた関係から、スキマをあけて向かい合う、新しい関係性の始まりです。

自動思考を揺さぶるワーク 2

ブレインデトックス

私の頭の中から思考の声が消えた後、気づいたのは、「自動思考って、すごく処理が重いコンピューターみたい」ということでした。タスク（処理命令）が重なっていくと、さらに重くなり、ますます動きが悪くなっていくようです。

その割に、出力されて出てくるのは一文字ずつ綴られる言葉の思考程度で、大した結果ではありません（私の頭が悪いだけかもしれませんが）。

処理の重くなった思考脳をさっぱりとクリアにするための、最高のワークがこれ。脳のガラクタデータを全部、落としましょう。**ブレインデトックス（脳の排毒）**です。

パソコン、テレビ、スマホ、本などがあって気の散りやすい自宅ではなく、屋外で行うのがおすすめです。

① 公園や海、カフェなど、自宅以外の場所に出かける

木々や草花の多い公園、海、山など、静かで自然のある場所に出かけましょう。

②気持ちの落ち着く場所に座る

公園のベンチや砂浜、切り株など、落ち着けそうな場所に座ります。

③デトックス開始

何もせず、リラックス。スマホは絶対、見ません。電話にも出ません。本も読みません。人とおしゃべりもしません。メモを書いたり、本を読んだりもしません。

＊思考が勝手に出てくるのはＯＫです。ただし「このことについて考えよう」と自分で決めて考えるのはいけません。**何もしない**、をとことん貫きます。

④何もしないまま、過ごす

少なくても10分、できれば30分以上、続けます。

途中、さまざまな思考がわいてくるかもしれませんが、気にしないで。ブレインデトックスが終わると頭がスッキリし、身体の緊張がなくなっているのがわかります。その気持ちよさをじっくり味わってください。

直観のためのワーク 1

右脳さんぽ

「直観って、よくわからない」

そんな人も多いでしょう。直観が何なのか、どう捉えていいのか――言葉にできない事柄の一つです。

なぜなら、本当に人それぞれだから。

でも、練習の仕方はわかっています。それがこの、「右脳さんぽ」です。「右脳散歩」ではなく、「右脳さんが歩く」で「右脳さん歩……右脳さんぽ……」（ううう、こじつけであります　笑）。

そんなネーミングですが、実は私はこれがワークの中でも一番、**「奇跡が起こりやすいワーク」**だと思っています。

車の少ない住宅地の曲がり角がたくさんあるような場所で行うのがおすすめです。安全に気をつけつつ、楽しい気持ちでやりましょう。

① 散歩に出るのと同じ感じで、歩き出す

歩き出す時、行先は考えません。家から出て、どこに進むのか、身体が動くのに任せてみます。

② 曲がり角が見えてきたら、どこに行くか直観に答えを求める

歩みを止めず、角へ向かって歩いていきます。曲がり角に到着するまでに、直観に決めてもらいましょう。「右？」「左？」「まっすぐ？」すぐ到着するので、必死に答えを聞こうとしてください。

③ わからなくても「えいや」と、どこかに進む

すぐ次の曲がり角が見えるので、直観に聞きます。曲がる方向がわずかに明るく見えたり、草花のサイン（兆候）があったり、風が教えてくれたりするかもしれません。

さあ、直観のまま曲がって！　進んで！

④ 考えるのをやめ、ひたすら直観の声を聞こうとする

一瞬一瞬に、心が開いていきます。その瞬間にわかることは、「前の一瞬にはわからない。進むしかない。怖くない。おもしろくなってきた！」です！

右脳さんは、子どものような意識です。歩いている時間が大好き。風景が変わっていく様子、風が吹き抜けていく音、広い空に感動します。

正解のない右脳さんぽですが、不思議な出来事がよく起こります。何年も会っていなかった知人にばったり会ったり、感動的な光景に巡り合ったり、欲しかったアイデアがひらめいたり。

右脳さんはただ歩くだけでも、奇跡を起こしてみせてくれます。胸が高鳴って、素直になって、微笑んで。

右脳さんぽの帰り道は、きっとリフレッシュした自分に出会えますよ。

直観のためのワーク2 ぐにゃぐにゃ運動

私のお気に入りの運動で、眠る前にやっています。ぐにゃぐにゃするから「ぐにゃぐにゃ運動」。まんまです！

といっても、**自分が動くのではなく、右脳さんに動いてもらう感覚**でやっています。遊びのような、踊りのような……、とにかく、へんてこな運動です。

① 布団やベッドにあぐらをかいて座り、一番伸ばしてほしい（と訴えかけてくる）筋を探す

たいてい、首の左右どちらかから背筋に沿って伸びる、体幹の筋です。身体を斜めに倒しながら、その筋をぐにゃーと伸ばします。

この時、体育で行う体操のように、背筋をまっすぐ伸ばし

てきれいに倒したりする必要はありません。背中が丸まっていてもいいので、ただ気持ちがいい伸ばし方を探しながら、ぐにゃーぐにゃーと伸ばしていきます。

② 反対側も伸ばす

身体が次に伸ばしたがっている筋を探します。

腰の右側、左側、腕の筋、首の後ろなど、気持ちよく伸ばすために伸ばします。あぐらをかいている膝が、気づくと、リズムを取り始めるかもしれません。ドスンドスン、ぐにゃー。ドスンドスン、ぐにゃー。

上半身を右へ、そして左へ、倒しては伸ばしていきます。

③ 片腕だけがダンスを始めても、気にしない

腕を高く上げて、伸ばして、体ごと倒れて。ぐにゃぐにゃしたダンスに、勝手に動きが加わっていきます。暴れるように激しい動きになることもあれば、静かにゆっくりと動くこ

ともあります。

導いていくのは右脳さん、直観です。

④ 動きが自然に止まるまで、導かれて動き続ける

身体が気のすむまで動き続けると、やがて「整って」終わります。

この、ぐにゃぐにゃ運動を続けていると、直観が身体となじむのか、**直観が起きやすくなる感覚になります。**緊張もほぐれるし、ちょっと汗をかくぐらいがちょうどいい運動です。

そして、眠っている時の自然な寝返りのように、身体自身が動きたい動きを勝手にするので、感情や記憶やいろいろな「溜まりもの」を流してくれる気もします。子どものような明るい気分にもなれるのです。

心までのびのびさせて眠りについてくださいね。

「いつか、きっと」じゃなくて

さて、ワークについて、いろいろとご紹介してきました。

「わあ〜、これを続けていたら、いつか、きっと、私もオカンみたいに思考が消えるのね」と感じていただけたでしょうか。

はい。その通りです。ぜひ、楽しんで続けてくださいね。

ところが、ここで、一つの大きなパラドックスにぶつかります。

「いつか、きっと」

これを信じてしまうと、永遠にその日は来ないという逆説的な現象があるんです。

一体、どういうことでしょう。

このことに触れる前に、私が想定している「世界観」について、少しお話しさせてください。

私は今、常に「今ここ」に意識があって、ありありと世界がそのまんま、見えています。

それは輝いた素晴らしい世界でも、パラダイスでもなんでもなくて、凸凹だらけの、悲しいニュースもたくさんの、ありきたりの世界です。その世界に自分がいて、そして一秒一秒、時が過ぎていきます。

振り返ってみると、頭の中が思考でいっぱいで左脳が過剰に働いていた頃は、「私」というゴーグル型のVRブラウザーを顔につけていた気がしています（流行の、最新の、あのVRです。なんか立体の仮想世界が見えるらしいやつです）。

そして世界そのものではなく、ゴーグルの中に映し出された「私」という「個」の世界を見ていました。

その中で、「こうなったらいやだ」「こうなってほしい」「こんなはずじゃない」と、見えている世界を変えようと孤軍奮闘していました。と同時に、変えようとすればするほど、変わらなかった時のガッカリ感は増していきました。

それでもまた工夫して、心を改め、なんとか変えようとがんばりますが、やっぱり変わらなくて、さらにガッカリする――そんな繰り返しでした。人生の苦しみの大半は、それだったと思います。世界を操ろうとしていたのです。

でも、手に持ったコントローラーは幻で、世界には何の影響も与えませんでした。自分を変えようともしていました。そう、思い通りの世界になってほしかったからです。そしてまた、ガッカリする結果でした。

ある日、右脳ベースになって、その「個」というVRブラウザーのゴーグルをはずした時、**世界には「未来」も「過去」もなくなり、ただありのままの「今ここ」だけがありました。**

「本当に、『今ここ』しかないんだ。未来って、1秒前でも存在しないんだ。存在しないものに、いくら念じても願っても、何一つ、影響を与えることはできないんだ！」とその時、ようやくわかったのです。

「今ここ」はあるんです。

「今ここ」に私はいて、世界があって、目を見開いて感動できるんです。その時、ガッカリはこの世に存在しません。

「目の前の、この世界だけがホンモノ。VRのゴーグルをつけないで見える、ありありとある世界。ありありとある世界を、感じている私。これ以上は何もない。世界を変えようとする必要はなかったんだ！」

この感覚を悟りというなら、確かに悟りなのでしょう。

なぜなら、本当に全然違うからです。

とすれば、「ワークをしていれば、いつか、きっと……」という姿勢は、個のＶＲゴーグルで捉えた世界の中にいるということです。世界を操ろうとしています。未来を、自分を、他人を、変えようとしています。

これは本当にパラドックスです。

ですから、「いつか、きっと」ではないんです。ワークの体験を積み重ねていくうちに、そのままスルッとゴーグル外の世界に来ちゃえるんです。

「未来なんてないんだ。過去なんてないんだ。『今ここ』しか、ないんだ」

みなさんに少しでもそれを感じてもらえるよう、そのままスルッと外の世界に来ちゃえるよう、実は、ご紹介してきたワークは、本当に本当に、最大限に工夫を重ねてます（ひそかに自慢　笑）。

私は、ここにいます。ありありとある、ホンモノの世界に。

ここでみなさんが「オカンの言ってること、本当だったよ～！」と笑顔でやって来てくださることを信じています。

COLUMN

私は、「チーム私」で生きている

「私って、世界にたった一人だけ。」とみなさんは言うかもしれません。でも、オカンは**自分の中に「私」という意識がいくつもある**と思っています。

有名な霊能力者さんで、視える人が言うには、膵臓（すいぞう）や肝臓など、臓器にもそれぞれ意識があるんだそうです。

というのが、ある人が大腸ガンになった。するとその人は「なんでお前（大腸）、ガンになったんだ」と、その無念さ、憎しみを大腸にぶつけていたようで、霊能力者さんが視たところ、大腸に、悲しんでいる意識（みたいなもの）があったんだそうです。「こんなに一生懸命やってきてガンになったのに、なんで怒られるんだろう」ってしょんぼりしていたらしい。

だから、「何かあっても、絶対に自分の身体を怒ってはいけません。泣いてますよ」と言っていました。

怪しいでしょうか。でも、私はこの感覚、わかります。同じようなことを体感しているからです。

この本でもお伝えしてきましたが、左脳は左脳の、右脳は右脳の機能意識があり、おなかにも、細胞にも、それぞれの意識があってたくさんの小さな主語、「私」として存在しているのがわかるのです。

ところが現代社会ではこれらを全部、一人称である「私」にかぶせてしまい、それぞれを見わけられないようにしています。

例えば、「今年は毎日、歩く！」とお正月の誓いを立てるのは「一人称の私」です。でも翌日から、「それ以外の私」が「面倒くさいから、やらない」と判断し、「これまでと同じでいい」と反発する——お正月の誓いが守れないというのは、そういうところに原因があるのではないか、というのが私の推測です。

つまり、「私」は一人ではないのです。たくさんの意識が働いている。なのに私たちの意識は一人称の「表面上の私」のままです。

あんな失敗をしたのも、こんな失敗をしたのも、全部「私」のせい。今朝、寝坊した私。早く寝ればいいのに、眠れなかった私。

でも、本当は無意識の私が、「ゆっくり休まないと病気になるよ」という働きとして、寝坊させたのかもしれません。

そんな風に守ってくれている、他の「私」がいる。動けなくさせたり、朝起きられなくさせたり、人と笑顔で話せなくさせたり、と現代社会ではうまくいきにくい動きかもしれないけれど、水面下に「もっと睡眠をとって」「エネルギーを使わずに、今日は休んでいいよ」「無理はやめよう」というアドバイスを込めて作用している私もいるのではないだろうか。

なのにすべてを「一人称の私」の中に組み込み、「朝、起きられなかった私、仕事で失敗した私、笑顔になれない私なんて、ダメなやつだ」としているのが、今の私たちではないかと思うのです。

右脳ベースになるというのは、そんな風に支えてくれているたくさんの「私」が、一つ一つに分類されていく感じと捉えてみてもいいです。左脳の機能意識、右脳の機能意識、おなかの機能意識、細胞の機能意識というように。

思考に意識が振り回されていると、「私（意識）」は孤独になります。でも、身体の神経（感覚）と意識がつながっていると、「私」という存在の中には小さな機能意識（無意識）がたくさんいて、協力しながら生きているのだと自然にわかってきます。

私自身はいま、「チーム私」として生きています。

変容のすべての段階でもそうですが、「チーム私」になるには、「一歩下がって聞く」という態度が必要です。思考は自分が何でも知っていると信じたいので、あらゆることに答えを当てはめていきますが、答

えがハマってしまった疑問に、他の機能意識たちは異論をはさむことができません。

なので、**答えの部分が空白のまま、わからないままでいるのが「チーム私」になるコツ**です。

最初は結構、難しいかもしれません。自分の持つさまざまな信念に対して「本当に?」「そうじゃないかもよ?」と、常に軽い疑いの声を向け続けていかねばならないからです。

「少なくとも他の可能性を聞きたいな」「それまで決めつけないでいようよ」という態度こそが、「チーム私」を形作っていくのです。

するとある日、これまでと違う、別の答えがふんわりと空白(P9参照)に現れます。「ああ、そうだったのか、とても腑に落ちる答えだ。ありがとう、『チーム私』」

そう感じて微笑む時、意識はとても小さく、軽くなっています。**もう一人で人生を闘わなくてもいい**からです。

これが、右脳優位の意識の在りようです。肩の荷がそっと消えていくのです。

番外編

変容は、グラデーションでやってくる

「あれ、頭の中で何も考えなくなったかも!?」
ある日、そんな自分に気づくかもしれません。
人それぞれではありますが、どんな風に変容していくのか、
目安となるロードマップをお見せします。

変容マップ

人によりそれぞれの道のりですが、
なんとなくの流れが見えていると、
がんばることもできるかなと、作ってみました。
とにかくあきらめずにひたすら続けていれば、
誰もが変わっていきます！

START!
自動思考がいっぱい
うるさーい！
左脳さんの逆襲
出た〜っ！
何が何だか……
「今ここ」の呼吸
エレベーターの呼吸
自動思考に気づくようになる
自動思考に気づく回数が増える
「これって、自動思考？」
「私、何やってるんだろ…」
「エレベーターの呼吸がうまくできないよ〜」と悩む
最初はみんな、そうなんよ〜
運動がおすすめ！
森に行くのもいい
考えろ〜
栄養よこせ
えっほ
えっほ

自動思考にすぐ気づく
エレベーターの呼吸
「今ここ」の呼吸
他のワークでもいいんよ～
「にっこり＋ピース」も忘れんといて
気づくスピードが速くなる
「私にはわかりません！」と宣言して、おなかに投げ込む
思考が消える時間がある
思考が消える時間が長くなっていく
空間を味わえるようになる
答えがふわっとおなかから出てくる
自動思考と距離が取れ、身体に意識が降りてくる
思考で考えず、直観を待ってみる
頭に浮かんだものは、なんでも自動思考
私という感覚が小さくなっていく
愛の感覚に開かれていく
自動思考がなくなり、無意識にゆだねている
・自動思考が出てこない（頭の中がシーンとしている）
・常に意識がおなかへ降りている
とにかく続けるのみ!!

変容していくのは、グラデーションで

ここから右脳に変容していく過程についてお話しします。

私の場合、本当にいきなり、左脳ベースから右脳ベースへとガチャンと切り替わりまして、「ああ、これまでとはまったく世界が違うんだ」とすぐ、わかりました。

ところがほとんどの方の場合、それはないみたいなんです。そう。**「気づいたら、変わっていた！」**パターンです。自分では気づかずに、周囲から「最近、なんか変わったね」と言われたり、家族にいろいろな変化があって「あ、もしかして私が変わったからかも」と、ようやく気づくこともあります。

劇的な変化を期待している方がもしもいたら、先に言っておきます。**ほとんど、ありません**（絶対にないとは言い切れませんが）。

少しずつ、気づかないうちに変化していくのが実際のところです。

それはちょうど色のグラデーションのよう。階段ではなくスロープのような、なだらかな変化です。思考、意識、身体感覚、外側の世界の見方、体験の受け取り方、感情、あらゆることがそっと静かに変容していきます。

そこで、次のページから、変化の進む段階を表にしてまとめました。よかったら、あなたが今、どのあたりにいるか参照してみてください。

ただし、これはあくまでも目安です。

「自分がどこにいるのかわからない」「この先、どんなことがあるのか知りたい」という声にお応えすべく作成しただけなので、この通りに進むこともあれば、行きつ戻りつのことも、これとはまったく別で進むということもあります。

「ああ、こんな風に変わっていく場合もあるんだな」「こんなことがあるかもしれないのか」となんとなく知っておくだけでいいです。これらに振り回されず、自分のペースで、焦ることなく進んでくださいね。

自動思考ベースのチャート

左ページにあるのは、自動思考の強さに基準を置いたチャート表です。

これを見ると、自動思考というものが、ぱっと消えるものではないとわかるのではないでしょうか。弱まったように思っても、またぶり返し、そしてまた静かに減っていく。でもトータルして見てみると、だんだん減っている……、とまあ、そういった感じです。

●青色ゾーン「スタートの時期」

夜明け前の空のような、これから明るくなっていく予感がある青です。ここからスタート！

●水色ゾーン「左脳さんの色」

左脳さんを観察し、その特性を知り、左脳過剰を収めていくチャレンジ期間です。

●**緑色ゾーン「癒やしの色」**

左脳が思考とともに出していたストレス物質が減り、身体や心が癒やされる時期。

●**紫色ゾーン「神秘の色」**

左脳過剰が次第に収まり、右脳の不思議な特性が立ち現れてきます。

●**オレンジ色ゾーン「右脳さんの色」**

身体と意識がしっかりと結びつき、直観が人生を導いてくれるように。

自動思考ベースのチャート

スタート

- 自動思考がいつも出てきている
- 自動思考に気づかない

- 自動思考が出てきたら、たまに気づく
- 自動思考が出てきて、少ししたら気づく

- 自動思考が出てきたら、すぐに気づく
- 自動思考は出てくるが、意識に対しての影響力が弱まっている

- 自動思考が出てきても、すぐ消すことができる
- 自動思考があまり出てこない
- 自動思考がほぼ、出てこない

- 自動思考が出てこない
- 「言葉による思考」の声がしない
- 脳内が常にしんと静まり返っている

思考や感覚ベースのチャート

次に、普段の生活の中で出てくる思考や感覚に基準を置いたチャート表です。

「こんな風に変わっていくかもしれないんだな」と知っておくと、楽しみも、そしてワークに取り組む熱意も増えますよね！

ただ、これらは自動思考を消すワークに取り組む中で徐々に進んでいくのであって、「こんな風に考え方を変えていかねばならない！」というものではありません。自然に、そう変化していくんです。

「大丈夫だと思いこむぞ！」というやり方でもありません。

自動思考が出てこないよう取り組んでいるうちに、こんな風になった、実際に感覚が変わってきたという、結果の部分を表しているものと考えてくださいね。

とにかく、変わっていく自分にワクワクだけしていましょう。

思考・感覚をベースにしたチャート

スタート

- 不安や恐れ、心配が常にある
- 物事がうまくいっている感じがしない
- すぐ、過去や未来に意識が向いてしまう

- 不安や恐れ、心配はあるが、わずらわされなくなってきた
- 「うまくいくには努力が必要だ」と感じている
- 過去や未来に意識が向いてしまうが、「今ここ」にいることもある

- 不安や恐れ、心配がぐっと減ってきた
- 「うまくいく」という感覚がわかり始めてきた
- 過去や未来に意識が向くが、「今ここ」にいることも増えた

- 不安や恐れ、心配はなく、「大丈夫」という感覚がある
- 「うまくいっている」という感覚がある
- 今この瞬間を味わうことができる
- 大きな何かと、自分がつながっている感じがある

- 「大丈夫」という感覚が常にある
- 「すべてがうまくいっている」と感じる
- 今この瞬間に意識が集中し、リラックスできる
- 大きな意識とつながっている感覚がはっきりとある

左脳ベースと右脳ベースの、在り方の違い

左の表は、左脳をベースにした意識と右脳をベースにした意識の、在り方の違いです。「左脳ベースから、完全に右脳ベースに切り替わったとしたら、こんな風に変わりますよ」という目安になるかと思い、まとめてみました。

これもまた、無理にそうなろうとする必要はありません。**自然にそうなります。**オカンがよく言う、「人生が楽ちん」というのはこういう感じなのか、と知っておいていただくと、やる気になっていただけるかもしれません。

もちろん、右脳ベースになったからといって、何も感じなくなるわけではないですが、個人という物語が透明になり、背景の世界の鮮やかさ、美しさが心に響くようになります。自分物語の代わりに世界の壮大な物語が見えてきて、そちらに心を奪われる——そんな感覚なんです。

それぞれの意識の在り方

左脳ベース

- 表面にあるさまざまな感情が強く働き、奥深くにある「大丈夫感」に気づきにくい
- 感情との距離が取れず、すぐ巻き込まれてしまう
- ネガティブな感情が起きると、なかなか収まらない
- 自分にまつわる思考（自分の言動は正しいかを考える思考、自分を正当化したり、言い訳したりする思考）が多い
- 自分の「物語」に対する執着が強く、過去のできごとや未来の予想にこだわる
- 物事を「ありのまま」受け入れられず、期待し、落胆してしまう
- 身体感覚が感じられない

右脳ベース

- 自分で行動したり、決断したりしている感覚がなくなり、物事が「起きている」と感じる
- 感情が少なくなる（出てきてもすぐ消える）
- 物事をジャッジすることなく、ありのままに見ている
- 世界も自分も共時性と共に展開し、それをただ観察しているという感覚がある
- 常に、自分の身体感覚の内側にいる
- 自分の物語が消え、こだわりがなくなり、できごとも（約束なども）忘れやすくなる

いっぱつ描きマンガ

左脳さんが大暴れしたら

ああ、こんなぼーっとしていていいのかこのままじゃ貧乏で食べ物も買えなくなるな。世間に顔向けできなくなってしまうぞ。もうちょっと時間の使い方を学んだほうがいいんじゃないか。時間の使い方の学校とか探してみたほうがいいな。頭わるいから失敗ばかりしてるし先生から学んだほうがいいのかもしれ
③

④

もうトシだし
求人もあまり無いよ。
やっぱりヤ㊙ト
辞めずに続けてた
ほうが良かったのかも
しれないなぁ。
営業だって続けてたら
今ごろは先輩方みたいに
良い成績を出せるように
なってたかもしれないのに
更年期障害で体調が悪くなってても
続ける手段はあったのかもしれないし
そうしたら良いパソコンぐらい買えて
⑤

ホーッホホホホ
ポカ
スカ
ムキー
なまなましいことゆーてんちゃうぞこんちくしょー
⑥

スポカ スポカ
スポカ スポカ
へちゃ〜〜

へちゃ〜〜..

なんということだ、大いなる直観との
接続が途絶えてしまったぞ。
これはもうだめだ、あれだ、
勉強し直さなくては。そう、最初から
最初からやり直しだ。とりあえず
ラジニーシからかな。バグワン・
シュリ・ラジニーシだ。
ああ、
どうして
こんなこと
になってしまったんだろう。
トラウマのせいだろうか。
やはりユングから読み直
へちゃ〜〜…
⑨

文字を読んでも
なかなか理解に
つながらないのは
トシなんだなぁ。焦るなぁ。
もっと時間を決めてルールを
決めて読書時間を設定すべき
なのでは。不真面目で
いいかげんでは知恵も
つかない。人間としてだめに
なっていっている気がす
へちゃ〜〜…
おしょ〜
⑩

ちょんちょん
おしょ〜
⑪

びろーん
おしょ〜
⑫

⑬
ぶふ
びろーん
おしょ〜

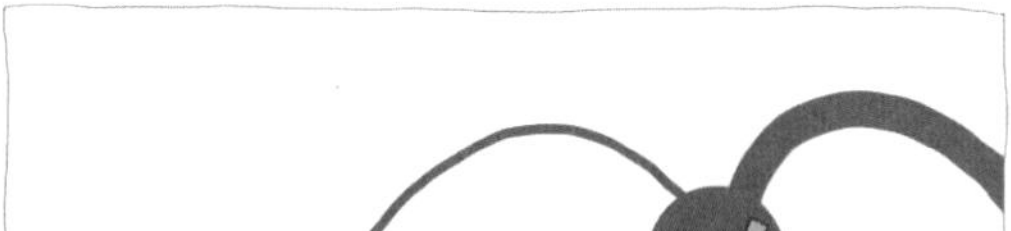
⑭
?
おしょ〜

⑮

⑯

ぽい
⑰

瞑想とか呼吸法の効果を期待するよりも規則正しい日常生活と栄養と睡眠を優先すべきではないだろうか
聞いてる？
しっかり考えるの大事よ？
なげんな
⑱

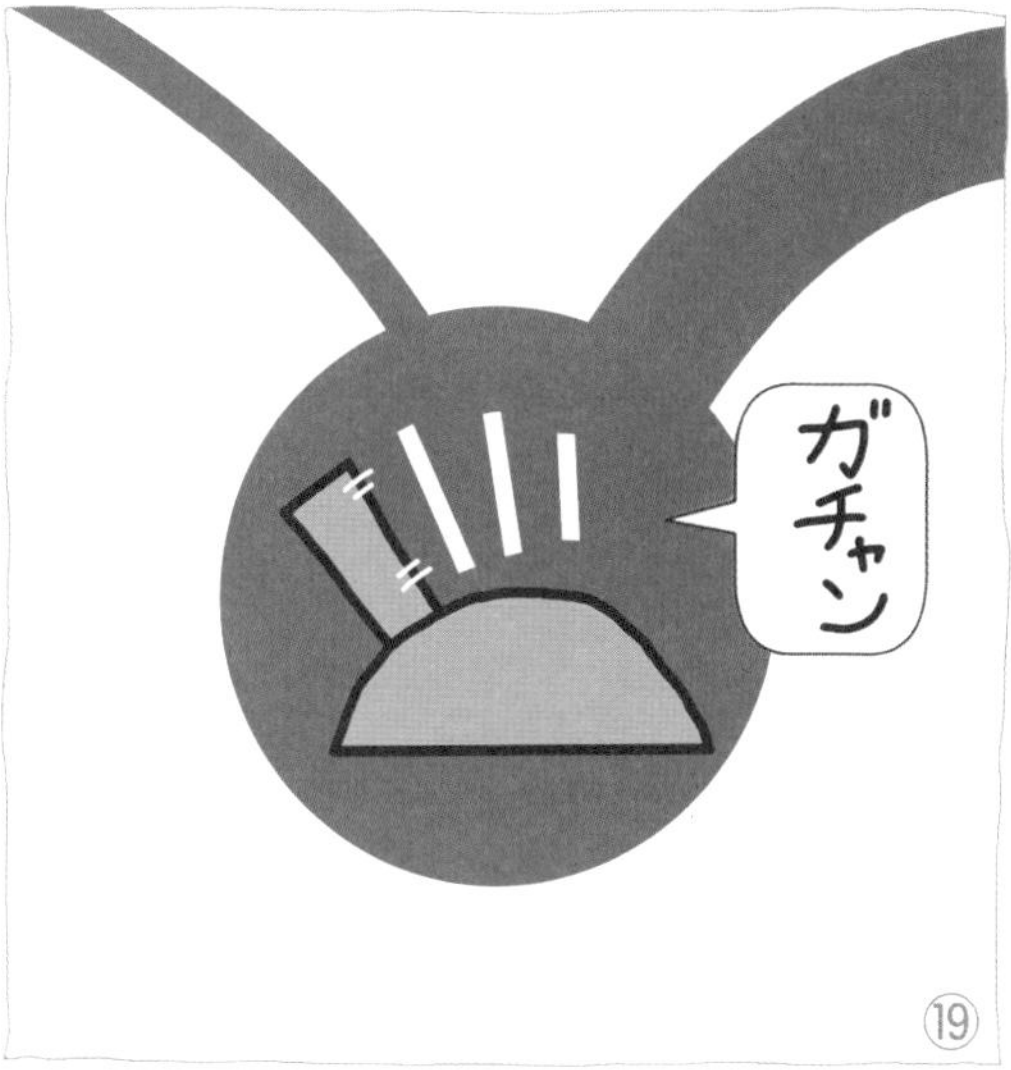
ガチャン
⑲

どーん!
⑳

ぼ〜〜〜…
㉑

あ、あと一時間でタゴ飯の調理開始時間です
2分前になったら言うてー
㉒

完

もしも左脳さんの大逆襲にあったら、
エレベーターの呼吸をしたりして
脳のスイッチをガッチャンと右脳さん側へ倒し、
左脳さんの声を封じ込めちゃってください。
そうしたら、左脳さんも右脳さんと同じように
そこにくつろぎ、余白を感じ、
必要なタイミングになった時、あなたに
メッセージを送ってくれるようになります。

いろんな疑問にお答えします

オカンのQ&A

ここまでいろいろとお伝えしてきましたが、
自動思考の止め方やエレベーターの呼吸については
「これって何?」「いや、それは違うでしょう」
「どうしても気になる〜」という数々の疑問や質問
がまだまだあると思います。
それを「一挙、解決しましょう!」ページです。
でも、くれぐれも、
考えすぎて左脳さんに栄養をあげませんように!
そして、頭に「はてな?」がたくさん
あったままでもいいので
とにかくワークを続けてくださいね。
それが右脳ベースへの大切な切符です。

自動思考の止め方 Q&A

Q 自動思考には気づくだけでいいんですか？

私は日頃から「自動思考に気づくことができたら、7割ＯＫです！」と言っています。**「今、頭の中に思考が出てきているな」と気づいただけでもかなりいい線、いっているということです。**

これまで気づかなかった自動思考なんですから、それだけでもすごい！「いつまでも頭の中をぐるぐると自動思考が回ってるなぁ」「こんな調子で本当にいつか、なくなるんだろうか」などと落ち込む必要はありません。

「自動思考に気づけるなんて、すごいぞ、私！」でいいんです（ピースして口角上げて、にっこり！をお忘れなく）。

ちなみに、「残りの3割はなんですか？」とたまに聞かれるのですが、「自動思考を生み出す神経回路が弱くなるまで、自動思考に乗せられないようにするのを続ける期間です」とお答えしています。

Q 思考が止まらないのが気になる時、どうしたらいい？

おそらくこの本の読者さんは、まじめな方が多いと思います。「また自動思考が出てきた。私のバカバカ」「なんでいつまでも止まらないんだろう」などと落ち込みそうなのでお伝えしておきますが、これまでずっ〜と好き放題させてきた自動思考ですから、やすやすとは弱まりません。

クラウン回路も栄養が欲しくて仕方ないんです。もらえなくなったら困りますから、あちらも一生懸命です。

なので、**どんなに自動思考が止まらなくても気にしない！**「あ、また出てきたな」くらいの軽い気持ちで取り組むのが、長続きのコツです。決して深刻にならないでください。

また、ここで要らぬ罪悪感を持たないのも大事です。「うわ、また思考してしまった！」「私なんてダメだ……」などという思考は、まんまとクラウン回路の栄養になってしまいます。

ときどきドツボにはまって、余計に自動思考でぐるぐるされている方をお見受けしますが、ローマは一日にしてならず。

「あれ、自分を責めてる」と気づいたら、おいしいものでも食べたり、散歩したりして気分を変え、また改めて取り組みましょう。よく眠るのもおすすめです。

焦らず気楽に、をモットーに、肩の力を抜いてリラックス〜！

Q 余計に自動思考が増えた気がするのは、なぜ？

せっかく自動思考を止めようとしているのに、反対に増えてきた気がする——なんとも悲しい話に思うかもしれません。

が、実はこれ、いい兆候なんです。**あなたの取り組みで効果が出ている**からこそ、クラウン回路が「このまま消えてたまるものか！」とがんばっている真っ最中ということ。

どうか安心してください。笑いましょう。いけてる証拠！　ここであきらめないでくださいね！

Q なぜ、こんな思考が出てくるんだろう？

クラウン回路は決して弱りたくないので、「最近、あまり栄養がもらえなくなったみたい」と感じると、負けじとがんばってきます。

そんな時に出てきやすいのが、

「これって、正しいのかな」

「どういう意味があるんだろう」

「失敗したらどうしよう」

などです。

この他、**自分が大切に思っているものに絡む内容の思考も、クラウン回路の大好物。**家族や仕事、パートナー、両親、お金などなど、あなたがこだわりを持っているもの、大好きなもの、逆に触れられたらいやなものなど、クラウン回路はちゃんとわかっていて、そこを刺激してきます。自分が栄養を欲しいがために、です。

さらに、「思考がなくなってきたと思ったのに、こんな大事件が勃発！　また思考が大暴れ！」となったら、一層、クラウン回路が弱まってきた証拠です（P61から「左脳さんの逆襲」もご参考に）。

「私の弱いところをよく知ってるなぁ。なるほど、同じ脳の中の回路が仕掛けてきているんだな」と気づけるポイントでもあります（でも、そんな風に思える余裕はあまりないですが……）。

Q こんな思考、どうしたらいいですか？

自動思考を止めようとすると、出てくるよくあるセリフをまとめてみました。

これが始まったら、「超ラッキー！」。クラウン回路がわかりやすく、暴れ始めたというメッセージと受け取りましょう。

「やり方、間違ってない？」

「あー、また考えちゃった、バカバカ！」

「本当にできるようになるの？」

「こんなことしてて、何か意味あるのかな」

「できるようになるのは、選ばれた人だけなんじゃない？」

「人生から逃げようとしてるみたい」

「他の方法も試してみれば？」

「無理無理、むだむだ」

「どうせダメだよ。うまくいきっこない」

などです。**これらが出てきたら、口角を上げて親指を立て、「にっこり！」**。

この本で紹介しているワークによって右脳ベースの意識になれたみなさんは、「これらが出てきても続けるしかない！」というところまで行き着いたそうです。どうか、引き留めようとする思考を乗り越えてください。

ここで踏ん張ることができれば、思考と思考の間の空白を楽しむ日も遠からず！

Q 頭の中を流れる音楽。左脳さんのしわざ？

頭の中をエンドレスで流れ続ける音楽（イヤーワーム）ってありますよね。これは、どの程度、自動思考が止まっているかによって見方が違ってくると私は思っています。

「よし！　自動思考を止めよう」とがんばりだした頃は、**左脳が空白に耐えられず、何か（音楽）で埋めようとか、（音楽で）刺激を得続けようとして流れていることが多い**ようです。

そんな時は、脳内で音楽が流れていたら、止めることを意図しましょう。止めても止めても始まるなら、自動思考といっていいと思います。

どこかに**ミュートスイッチを決めておく**のもいいですね。例えば右のほっぺたを指できゅっと押して「ミュート」と言い、すぐおなかに意識を向けて数回、呼吸する。これがいいワークとなって、次第に脳内音楽を止める回路を作っていってくれたりします。

もし、歌詞の意味などを突き止めたくなったとしたら、言葉が大好きな左脳が興奮し、自動思考のネタになってしまうこともあるので、ご注意を。

そっと気づいておきつつも意識的にはスルーして、おなかに意識を向けるサインにしてみましょう。

ただ、自動思考がかなり減って、半年くらいしたあたりでのイヤーワームだとしたら、右脳意識が歌詞で伝えてくるメッセージだったりすることもあります。こうしたタイミングなら、右脳さんがあなたにどんなメッセージを伝えたがっているのか意識してみるといいですよ。

右脳さんはなかなか、おちゃめなことをしてくるんです。

エレベーターの呼吸Q&A

Q 床の動かし方と呼吸には決まりがある?

エレベーターの呼吸に関する質問で多いのが、床の動かし方と呼吸の関係です。「息を吸いながら床を下に、吐きながら上に動かす」ほうがいいのか、それとも「息を吐きながら床を下に、吸いながら上に動かす」のほうがいいのか、とみなさん聞いてくださいます。

でも、これ、**どちらでもいい**んです。

それよりも**身体の中を意識したまま、エレベーターの床を動かせるかどうかのほうがずっと大事**です。私たちはじょうずにエレベーターの呼吸ができるようになりたいわけではありません。

少しでも長い時間、意識を、首より下のほうに向け続けることができればそれでO

Kです。

Q 呼吸に意識を向けないとダメですか？

トラウマによるエネルギーブロックがあったりして、呼吸を意識すると苦しくなる方は一定数、いらっしゃるようです。

その場合は、無理に**呼吸を意識しなくてかまいません。**単純にエレベーターの床を上下させることにだけ、取り組んでみてください。

自分がやりやすい、一定のリズムで上下させましょう。

Q のどのあたりが苦しいのはなぜ？

イメージの床がのどのところに来ると、苦しいと感じる方も意外と多いです。

もしかすると、日頃から**表現すること（のどの役割）に抵抗**があったりしないでしょうか。

「のどのところまでエレベーターの床を上げるのは、そこにある**エネルギーブロックを少しずつ解放する効果もある**」と、私の右脳さんは言っています。

ですが、「苦しい」と感じながらのワークはなかなか続きませんよね。のどの手前、胸の上部あたりまででやめておき、ときどき、のどまで上げてみて、感覚に変化があるか試してみるのはどうでしょう。

そうして、「大丈夫そうだな」と感じられるようになったら、少しずつのどのところまでチャレンジしてみます。スモールステップで進んでいきましょう。

Q いつ、どのくらい、何回やるといいですか？

やろうと思った時、いつでもやってください。寝る前でも、バスを待っている時でも、料理をしながらだっていいです。「電車に乗りながら、自転車をこぎながら、歩きながら、手作業をしながら、四六時中、気づいた瞬間に即、やっていました」という方もおりました。

そして回数や長さについて。楽しんで試していただければ、何度でもどのくらいでもかまいません。ただ、正直なところ、**筋トレだと思って回数をこなす**のがコツです。「やればやるほどクラウン回路に効果が出て、自動思考が消えました！」という声を多くいただいています。

なので、最初は難しいと感じても、少しずつ長くしてみる、長くできそうだと思ったらゆっくり時間を取って集中するなど、自分のペースで工夫してやってください。ちなみに慣れてくると、時間を決めなくてもよくなります。自分のちょうどいいところで、「もう終わろう」が起きるからです。

ということで、

- **気づいたらいつでもやる**
- **集中して行う**
- **筋トレと思って、回数をこなす**
- **あきらめない**

のがポイントです。

Q やるのを忘れないコツってある？

最初は習慣になっていないので、すぐ忘れて、「あ〜、またできなかった！」とガッカリしてしまうかもしれません。

当たり前です。これまでやってなかったんだから。でも、そこで**自分責めに走らず、「じゃ、今やろう！」と切り替えましょう。**

例えばですが、小さいシールをお部屋のいろんなところに貼ってみるのもいいですよ（目印になるものならシールでなくてもOK）。そしてシールに気づいたら、そのたびに1〜2回やってみるんです。お試しください。

Q エレベーターの床をイメージするには？

このようなワークをしたことがない人にしてみたら、いきなり「エレベーターの床をイメージしろ、それもおなかの中に」なんて言われたら、意味わかんないですよね。視覚派の方、感覚派の方など、得意不得意がありますし。

こんな体験談があります。最初は全然イメージできなかったけれど、あきらめずに続けていたら、ある日、急におなかの中の空間が広くなったように感じたそうです。そしてエレベーターの床もわかるようになったと。

意識を向け続けていると、変容は起こるのです。

それでも、「うーーん、やっぱりイメージできない〜！」と、落ち込んでしまうようなら、他のアイデアを試してみましょう。

「背筋に沿って意識を上下させる」

「おなかの下のほうに手を当て、そこに向かって息を吸い込む」

「シンプルに腹式呼吸をしながら、おなかが動くのを内側から観察する」

「手を胸のあたりに当て、床と同じように上下に動かす」

など、さまざまな変形版もあります。板状の床ではなく、球ならイメージできるという方もいます。

実のところ、板でも球でもなんでもよくて、**頭の中の自動思考をいったん止め、上半身の内側に意識を向けておくことができる**なら、それでいいんです。

本体さんに、「今の私に一番いいエレベーターの床を出してください」とお願いするのもありです。思いがけない素材や色のエレベーターの床が出現するかも!?

Q 勝手にアレンジしてもいいですか？

もちろんです！　というか、続けていると、アイデアがひらめくと思います。あなたの右脳さんがあなたに必要なやり方を教えてくれるはず。なんでも試してみて、効果があるか、見てみましょう。

また、**エレベーターの床の動かし方、スピード、ひらめきがあったらいくらでもアレンジして**みてください。

「今日は重たい床のイメージでやろう」

「胃のあたりまで上げたら、それ以上は上げずに、下腹部でやってみようかな」
「床をレコードのように回転させせたらどうかしら」
などなど。

先日、外を歩いていた時、とっても気分がよかったので、床に自分を突き抜けさせようと思い立ち（笑）、下までドーンと突き抜け、地球の中心のマグマがあるといわれているあたりまで、エレベーターの床を下ろしてみました（イメージです）。で、次はそこから戻って、頭を突き抜け、大空まで（もはやＵＦＯ）。

そんなことを上から下まで何回もやっていました。地面の中まで下ろすのはすごくおもしろかった。ああ、変な人……。

あなたもそんな気づきを「楽しんで」「おもしろがって」探求していってください。

Q ズリズリこするのを意識できる方法、ありますか？

最初は上下させるだけで精一杯なら、ズリズリはなくてもいいです。でも慣れてきたらどこか一カ所だけでもいいので試してみるとか、ゆっくりやってみるとか、自分なりのコツを探してみてください。

一度、コツがつかめると、その後はやりやすくなったりします。

ずっとエレベーターの呼吸をしていたのに、「ズリズリするのを知らなかった」「忘れていた」という方も案外いるのですが、意識し始めたら、ぐっと変化が感じられるようになったとか。

ズリズリ、効果あるんです。

Q エレベーターの床の上手な動かし方って？

動きがとても遅かったり、すぐ見失ったり、下がったまま戻ってこないとしても、大丈夫。その間、おなかの中に意識が集中しているので、それで十分です。

外側の世界に夢中になっている意識を一定の時間、おなかの中に向けることが目的なので、イメージ通りに動かなくてもまったく気にしないでください。

Q 集中し続けるにはどうしたらいいの？

もう少し長くやりたいのに集中が続かない時は、ちょっと**強制的な動きを追加**してみましょう。

おなかの底に床が来たタイミングで、床を底に何度か強くバウンドさせるという方法です。ドンドンと、しっかり底をイメージしながらやってみます。これで集中が戻ったら、また普通に続けます。

ちなみに自動思考が強くて、すぐ思考に引き戻される時にも効果的な方法です。

Q エレベーターの呼吸を飽きずに続けるには？

エレベーターの呼吸にこだわることはありませんので、**「今ここ」の呼吸**（p90参照）**に切り替え**ましょう。

あるいは**他のワークを試しても**かまいません。あなたの内なる導きに従ってください。自分に合った、楽しいと思えるワークをし、また、時にはあえて何もせず、自動思考の合間にある空白を味わうのもいいでしょう。

Q 思考をおなかに投げ込むのと、エレベーターの呼吸は両方やるほうがいい？

この2つは**まったく別のもの**として、扱います。

自動思考をおなかに投げ込むのは、「続きを思考しません」という宣言であり、思考の内容については「本体さんにおまかせします」という姿勢です。

一方のエレベーターの呼吸は、実際に自動思考が止まっている時間を増やすためのもの。そして自律神経を活性化させ、右脳さんとのコミュニケーション窓口を開くという役割があります。

それぞれ、2本立てで行ってまいりましょう。

あっ、兄ちゃん久しぶり！
ガサー
うわっ
どうしてもそこから出てくるんですねお久しぶりです
あれ？ 兄ちゃん、なんか雰囲気変わったね？
実は、このところすごく気分が落ち着いて調子が良いんです
自分を責めてた**自動思考が弱くなった**みたいなんですよ
エエッ
ほ、ホンマに!?
すごいやんどういう成りゆきで？
僕、途中までぜんぜんダメで
エレベーターの呼吸もできてるのか、できてないのか
わからないままやってました
適当でいいかな

そんなある日、急に自分の内側でいらだちが爆発して
こんなんじゃダメだ！
今度こそ本気でやらないと僕自身が僕に絶望してしまう！
そ、それでどうしたの
ヤケになって一日のすべてをワークで埋めたんです
定期券を買うのをやめて、会社まで歩くことにして
ノッてきたら
軽くジョギング
仕事の時間以外、ずっとエレベーターの呼吸を続けながら
上げてー
下げてー
他のワークも手当たり次第やってみました

そ、そ、そしたらどうなったん
それだけやってみたのに、やっぱり自分を責める思考が出たんです
あの人すごいなぁ
それに比べて僕は・・・・
でもそのとき
大きな伸びしろだ・・・・
って
強い声がしたんです
身体の・・・・奥のほうから

本体さん、や
そうかもしれません
その瞬間に、
ガラガラッて
僕の何かが崩れて
僕はすごいと思える
人をたくさん
見てきたんだ
僕にたりなかったのは
僕が心から
なりたいと
思う目標の
人物像だ
そして
僕はそれになれる
その感覚が
身体のまんなかに
ピタッとハマって
世界が
しーんとしたんです

自分を責めて逃げてる場合じゃない目標の人物像をはっきりさせたいから
それ以来、人に会える仕事が楽しくて仕方ないんですよ
ぶわっ
兄ちゃん、おおきにありがとう
こんなオカンの言うことを信じてくれて
一生懸命取り組んでくれて
本当に夢みたいに人生が変わりました

もうちょっと続けてな
そしたら新しい在り方がしっかり定着するから
意識を身体におろすんやで
はい！
兄ちゃんはもうすっかり別人や！
ごしごし
今日からは兄ちゃんのこと
別人28号って呼ぶわな
は？
またねありがとうね、別人29号～！
増えてる!?
うわぁ助けて別人38号～！
もしかして数字に弱い……
END

おわりに

ハァハァ。オカンのすべてを出し切りました。いかがでしたか。

たくさんのヒントと、効果のあるワークをご紹介いたしました。楽しんで続けてください。続けてさえいただければ、あなたの意識も左脳から右脳へ、ゆっくりかもしれませんが、移行していきます。

ここでもう一度、思い出してください。筋トレの本を読むだけでは、筋肉は鍛えられないってことを。それと同じで、あなたが意図して、決意して、そしてワークを繰り返し行ってこそ、変容が起こるんです。同じことを繰り返しお伝えしているのにも意味があります。

考え方なら一瞬で変わり得ますが、神経回路という物理的なシステムを変えるには、時間がかかります。だから、どうぞ楽しんでやってください。

一つひとつを頭で理解しようとするより、がむしゃらにワークをやったほうが、効果があることは数多くのケースからすでにわかっています。

自分に合っている、効果の感じられるワークを一日の中でいくつか組み合わせ、頻度高く、回数多く、続けること。これが最短の道です。脳の神経回路を選んで育てていくのですから、なるべく多く「こっちだよ」と回路を導いてあげることです。

これらを実証してくれた、三脳バランス研究所の研究員さんたちに心から感謝します。みなさんのおかげで、こうして胸を張っておすすめできるようになりました。

そして今も熱心に取り組んでいる、右脳回帰チャレンジャーさんとすべての研究員さんへ。ありがとう。こんなオカンを信じてくださって。これからもさらにお力になれるよう、奮闘努力していきます。世界中の誰でもが最短最速でしあわせになれるよう、ワークも理論もブラッシュアップして精進してまいります。

きっとできると思うんです。しあわせな右脳意識たちの世界。つながりあう土着の情報社会。技術も自然も同居する、森のような都市、山脈のようなビル、太陽のような笑顔の人々。まだまだオカンには野望がいっぱいあります。

この本を持って、世界を駆け巡って、仲間をいっぱい増やします。見守ってください。

そして、ある日、あなたに訪れる変容の感覚——

「あれ？　なんだか、感覚が変わってきたぞ？」「毎日感じてたあの不幸感、シンドイ感じがなくなってる」「おなかから、しあわせが上がってくる」「それを祝福してくれる無意識たちを感じる」「ああ、私はずっと一人じゃなかったんだ！」

おかえりなさい、しあわせの右脳へ。

ネドじゅん

ネドじゅん

大阪出身、昭和40年代生まれのオカン。「悟りを体感すること」を目的にした、瞑想・心理・非二元思考・運動などを通じて意識変容を促す「三脳バランス研究所」の所長。ある日、突然、脳内から思考の声が消え、意識の変容が起こる。以降、右脳ベースの意識状態となり、直観や「つながり合う大きな無意識」からの情報を受け取りながら、自然や身体のリズムに合わせて意識変容していく「悟リズム」を提唱。著書に、『左脳さん、右脳さん。あなたにも体感できる意識変容の5ステップ』（ナチュラルスピリット）がある。

公式サイト
https://nedojun.hp.peraichi.com/
三脳バランス研究所（DMMオンラインサロン）
https://lounge.dmm.com/detail/4845/index/

YouTube　https://www.youtube.com/@user-vn2tv7lk8t
X　https://x.com/nedojun3nou

協力／枡田智　韮澤烈　ウェルカムレイン☆サヤカ
日野ゆいか　藤原ちえこ

Staff　デザイン／吉村朋子　校正／くすのき舎
編集協力／橘内美佳　編集担当／佐藤句実（永岡書店）

ネドじゅん式　意識変容
しあわせ右脳で悟リズム

2024年 7 月10日　第1刷発行
2024年12月10日　第6刷発行

著　者　ネドじゅん
発行者　永岡純一
発行所　株式会社 永岡書店
〒176-8518　東京都練馬区豊玉上1-7-14
代表：03-3992-5155　編集：03-3992-7191

DTP　センターメディア
印　刷　誠宏印刷
製　本　ヤマナカ製本

ISBN978-4-522-44162-6 C0076